JN074845

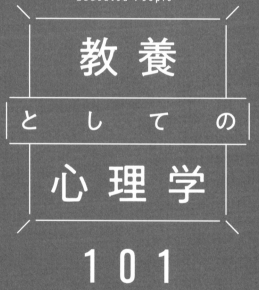

Topics in Psychology for
Educated People

# 教養
## としての
# 心理学
# 101

デルタプラス

# はじめに

　あなたは「心理学」にどのようなイメージを持っていますか？

　大学時代に一般教養科目で心理学の授業を取っていた方も多い
かと思います。おそらく心理テストやカウンセリング的なものをイ
メージして、面白そうだなという軽い気持ちで授業を受けていた人
もいるはず。

　ところが、授業の中身は条件づけ、記憶、錯視といった、基礎心
理学と呼ばれる分野を中心に構成されているため、想定していた心
理学のイメージとは異なり、戸惑うままに履修を終えたかもしれま
せん。

　しかし、実はあの時に習った内容はまさに心理学の土台とも言え
る重要な部分で、その知識にはビジネス、人材教育、子育てといっ
た日常場面に応用できる理論がたくさん含まれているのです。

　例えば、自己への信頼感でもある「自己効力感」を高めることが
できれば、仕事や勉強のモチベーションをうまく維持することがで
きます。また、「ＰＭ理論」を理解していれば、集団がうまく機能す
るために相応しいリーダー像が見えてくるので、責任のある地位に
いる方やその地位を目指す方には欠かせない知識となります。さら
に、「動機づけ」の理論を通して、親が良かれと思って施したことが、
せっかく芽生えた子どもの興味や好奇心を損なう危険性があること
に気づけます。

また、災害の発生時や感染症が拡大する混乱時には、メディアを通してさまざまな社会状況が報じられますが、例えば物資の買い占めをしてしまう集団心理も「ピグマリオン効果」や「同調」などの社会心理学の理論に通じていれば、冷静に状況を判断して行動することができます。

　本書では大学の授業で用いられる複数の心理学の概論書から、教養レベルとして知っておくべき心理学用語を「脳・感覚・知覚」「認知」「学習」「社会」「発達」「自己」「臨床」「調査・統計解析」の分野ごとにまとめました。前から順に読む必要はなく、興味のある用語から優先して読み進めていただいて構いません。どの用語も心理学の概論書で書かれている学術的な定義だけでなく、実生活での応用例を紹介していますので、理解しやすい構成になっています。

　心理学の教養を自らのライフスタイルに生かしていくことで、生活の質をより豊かにすることができます。そして、本書を入口として、心理学の世界をより深く学びたくなることでしょう。各用語に関連した書籍は、新書から専門書に至るまで多数出版されていますので、まずは興味を持った分野から読み進めていくのもおすすめです。さらに研究レベルまで掘り下げたいテーマが見つかったならば、これを契機に大学編入や大学院進学を検討されるのも1つの道です。

　本物の教養である「学識」を深めて実践に応用していくことで、より知的で豊かな人生を送ることができます。そして、本書がその一助となれば幸いです。

デルタプラス編集部

## 本書の構成

　本書では、心理学の各分野を示す「脳・感覚・知覚」「認知」「学習」「社会」「発達」「自己」「臨床」「調査・統計解析」の8つの章で、合わせて101の専門用語を解説しています。

　各ページは、専門用語に関する「解説」「ワンポイントレッスン」「覚えておきたいターム」で構成されています。

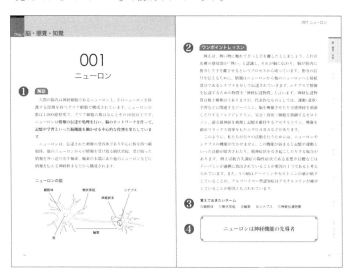

❶　「解説」では専門用語の定義や基本知識について図表を交えて説明しています。

❷　「ワンポイントレッスン」では解説の内容を踏まえて、関連知識や日常生活・ビジネスシーンなどでの活用例を紹介しています。

❸　「覚えておきたいターム」では用語を理解する上で必須のキーワードを列挙しています。

❹　ページの最後では本文を踏まえたまとめの一文を掲載しています。

# CONTENTS

## Chap.1 脳・感覚・知覚

心と体を司る機序を知る

# Chap.2 認 知

思考や行動をコントロールする働きを知る

# Chap.3 学 習

経験を通して学ぶ仕組みを知る

## Chap.4 社 会

人を動かすメカニズムを知る

## Chap.5 発達

心がどのように成長していくのかを知る

## Chap.6 自己

自分とは何かを知る

## Chap.7 臨 床

心の構造と問題を知る

# Chap.8 調査・統計解析

### 心を客観的に捉える術を知る

編集協力　　久田一雄
執筆協力　　赤羽麻衣子
　　　　　　井ノ口諒
　　　　　　田邊寛子
　　　　　　横田悠季
カバーデザイン　山之口正和（OKIKATA）
ＤＴＰ　　hasega-design

# Chap.1 脳・感覚・知覚

心と体を司る機序を知る

# 001
## ニューロン

**解説**

　人間の脳内は神経細胞であるニューロンと、そのニューロンを保護する役割を持つグリア細胞で構成されています。ニューロンの数は1,000億程度で、グリア細胞の数はなんとその10倍以上です。ニューロンは**情報の伝達や処理を行い、脳のネットワークを作って、記憶や学習といった脳機能を働かせる中心的な役割を果たしています**。

　ニューロンは、伝達された刺激の受容体であり中心に核を持つ細胞体、他のニューロンからの情報を受け取る樹状突起、受け取った情報を外へ送り出す軸索、軸索の末端にあり他のニューロンなどに情報を伝える神経終末などから構成されます。

ニューロンの図

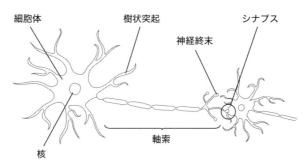

脳・感覚・知覚

認知

学習

社会

発達

自己

臨床

測定・統計解析

## ワンポイントレッスン

　例えば、熱い物に触れてさっと手を離したとしましょう。これは皮膚の感覚器が「熱い」と認識し、それが脳に伝わり、脳が筋肉に指令して手を離させるというプロセスから成っています。指令の信号を伝えるために、情報はニューロンから他のニューロンへと接続部分であるシナプスを介して伝達されていきます。シナプスで情報を伝達するための物質を「神経伝達物質」と言います。神経伝達物質は数十種類以上ありますが、代表的なものとしては、運動・意欲・学習などに関連するドーパミン、脳を興奮させたり交感神経を刺激したりするノルアドレナリン、気分・食欲・睡眠を制御するセロトニン、副交感神経を刺激し記憶を維持するアセチルコリン、興奮を鎮めリラックス効果をもたらすGABAなどがあります。

　このように、私たちが日々の活動を行うためには、ニューロンやシナプスの機能が欠かせません。この機能が弱まると記憶や運動といった活動が障害されたり、精神症状を引き起こしたりする場合があります。例えば統合失調症の陽性症状である妄想や幻聴などはドーパミンが過剰に放出されていることが要因の１つであると考えられています。また、うつ病はドーパミンやセロトニンの量が低下していることが、アルツハイマー型認知症はアセチルコリンが減少していることが原因とも言われています。

### 覚えておきたいターム
☑細胞体　☑樹状突起　☑軸索　☑シナプス　☑神経伝達物質

## ニューロンは神経機能の先導者

15

# 002
## 自律神経

### 解説

　自律神経は私たちの体の器官の活動を調節し、ホメオスタシス（恒常性）を維持する、つまり体の状態を一定に保つ上で重要な役割を果たしています。そして、自律神経は「自律」という字のごとく、私たちが意識せずとも自動的に環境に応じて体を調節しています。

　自律神経は「交感神経」と「副交感神経」に分けられます。交感神経は生理機能を活発にする働きをします。ストレスや緊急事態に対応できるようにするため、例えば血圧や心拍数を上げる機能を持っています。緊急事態ではあまり重要ではない消化・排尿機能は制御されます。一方、副交感神経はエネルギーを温存し体を回復させる機能を持ちます。例えば血圧や脈拍を下げ、消化・排尿機能を活性化させます。ほとんどの体の器官は、一方が機能していると片方は制御されてバランスを取っています。日中の活動時は交感神経の機能が活発になり、リラックスしている時や寝ている時は副交感神経の機能が活発になります。

### ワンポイントレッスン

　交感神経と副交感神経が互いにバランスを取って機能しているおかげで、さまざまな環境下でも私たちは安定した生活を送ることが

できます。しかし、日常的に強いストレスにさらされている状態だとどうなるでしょうか。「闘争－逃走反応」と呼ばれる、相手と戦うか逃げるかという切迫した状態に陥ると、交感神経が活発になります。多くの場合は一時的な反応で済みますが、昼間の仕事中は業務の締め切りに追われ、夜、家に帰っても上司に叱られた内容が気にかかるといった形で慢性的にストレスにさらされると、交感神経と副交感神経のバランスが崩れ、動悸・呼吸困難・不眠・多汗・頭痛・下痢・情緒不安定といった症状が現れるようになります。自律神経失調症は、こうしたストレスに絶えずさらされることで自律神経のバランスが崩れて心身に種々の症状が出る状態を指します。

　自律神経失調症の改善策としては、自律訓練法やバイオフィードバック法が挙げられます。いずれも意識的にリラックスした状態にさせたり、体を調節させたりするようにトレーニングする方法です。

　自律神経は自動的に働いてくれるだけにコントロールすることは難しいのですが、休める時は心身がリラックスできるように心掛けたいもの。ストレスにさらされやすい現代社会において、自律神経のバランスを保つために、日頃からオンとオフの切り替えをしっかり行うように意識することが大切です。

**覚えておきたいターム**

☑ホメオスタシス（恒常性）　☑交感神経　☑副交感神経
☑自律神経失調症　☑自律訓練法　☑バイオフィードバック法

## オンとオフのバランスが大事

# 003
## 失語症

### 解説

　失語症は、**大脳半球の言語中枢の損傷によって、いったん獲得された読む、聞く、話す、書くといった言語機能が障害された状態**で、高次脳機能障害の１つです。失語症の主な原因は脳梗塞、脳内出血、くも膜下出血といった脳血管障害だと言われています。失語症になると、うまく喋れない、話が理解できないといった症状が見られます。これは口の筋肉が動かない、耳が物理的に聞こえないといったことではなく、脳機能の不具合によって生じた機能的な障害です。「失語」という言葉だけ見ると、まったく話せないような印象を受けるかもしれませんが、必ずしもそういうわけではありません。また、脳のどの領域が損傷されたかによって症状が異なってくるため、症状は人によってさまざまです。

### ワンポイントレッスン

　代表的な失語症として「ブローカ失語（運動失語）」と「ウェルニッケ失語（感覚失語）」があります。

　ブローカ失語は、脳の左半球前頭葉にあるブローカ領野が損傷することによる失語症です。言われたことは理解できるものの言葉を流暢に発することが困難な発話障害を意味します。例えば「時計（と

けい）」と言えずに「とでい」となったり、文法の助詞がなく名詞の羅列になったりすることがあります。また、書字も障害されやすいと言われています。ただし言葉の理解力は比較的良好で、文章を読んで理解すること自体はあまり障害されないのが特徴です。

ウェルニッケ失語は、脳の左側頭葉にあるウェルニッケ領野が損傷することによる失語症です。発話は流暢なものの言葉の理解に難がある発話障害を指します。流暢に喋る一方で、言葉を間違える錯語が見られたり、言っていることの意味を自分でも理解していなかったりすることが多いと言われています。例えば「時計」と言おうとして「眼鏡」と異なる単語を言ってしまうことがあります。また、勝手に言葉を作り、意味の伴わない「新造語」を用いることもあります。例えば「時計」を「ととりご」など、本来の言葉からかけ離れた表現をしてしまったりします。

　一口に言語機能と言っても、喋ることと言葉の意味を理解することは脳の異なる部分を使っていることがわかっています。このように脳の部位によって司る機能が異なることを脳の機能局在と言います。言語機能についてだけではなく、視覚は後頭葉、皮膚感覚は頭頂葉が関係するなどの違いがあると言われています。

**覚えておきたいターム**
☑高次脳機能障害　　☑ブローカ失語（運動失語）
☑ウェルニッケ失語（感覚失語）　　☑錯語

> ## わかっているのに言葉にならない
> ## 言葉にはなっているがわかっていない

# 004
## 高次脳機能障害

### 解説

　高次脳機能障害は、**病気や怪我などが原因で、言語・理解・記憶といった認知機能が損なわれた状態**を指します。

　脳は大きく以下の4つの領域に分けられており、どの領域が損傷されるかによって症状が異なります。主に思考、運動、判断、社会性といった機能を司る「前頭葉」、主に聴覚や言語の情報を処理する「側頭葉」、主に感覚の統合や空間認知などの機能に関わる「頭頂葉」、そして主に視覚情報を処理する「後頭葉」があります。また、側頭葉内側には記憶の機能を司る海馬があります。

　具体的な障害の例としては、言語を司る側頭葉の一部が損傷を受けると失語症が現れ、思考や判断を司る前頭葉が損傷を受けると計画を立てるのが苦手になり、料理を段取り良く進められなくなるといった実行機能障害が見られます。

### ワンポイントレッスン

　高次脳機能障害は、認知症などの疾患や転倒・事故といった外傷によって生じ、慢性的な経過をたどることがほとんどです。高次脳機能、すなわち認知機能の障害は、アルコールや薬物を摂取した時にも生じます。お酒が身体を巡って脳に到達し、大脳皮質の活動が低下すると、いわゆる酔った状態になります。このとき、脳機能は

全般的に低下し、一時的に認知機能が損なわれた状態になります。大脳皮質は理性を司るとされており、酔うと爽快な気分になる一方で、判断力が低下し、身体がふらふらすることもあります。酔いがさらに進むと、段取り良く作業をする、判断するといったことが困難になり、動きも鈍くなるため車の運転などは厳禁です。時間がたてば酔いは醒めますが、長期にわたって大量にお酒を飲み続けると、一時的な機能低下だけにとどまらず、脳そのものに変化が生じやすくなり、高次脳機能障害の発症につながるとも言われています。

　高次脳機能障害は、身体的な障害があまり目立たないことが多いため「見えない障害」や「隠れた障害」と言われることがあります。周囲だけではなく当事者本人も障害があることに気づくのに時間がかかるケースは少なくありません。高次脳機能障害について理解を深め、社会的なサポートを早い段階で行うことが支援として重要となります。サポートの例としては、障害支援・介護支援などの福祉サービスや、リハビリテーションを受けること、生活や就労に関する相談の実施などが挙げられます。医学的な治療や原因疾患の再発予防と並行して、さまざまな社会資源を活用することが有益です。

**覚えておきたいターム**

☑認知機能　☑前頭葉　☑側頭葉　☑頭頂葉　☑後頭葉

## 脳の働きが損なわれる見えない障害

# 005
## 認知症

### 解説

　認知症とは脳の神経細胞の変性などで、それまで獲得した認知機能が持続的に低下することによって、社会生活に支障を来たす状態を言います。認知症というとアルツハイマー型認知症がよく知られていますが、脳卒中に伴って発症する脳血管性認知症などいくつかのタイプが挙げられます。また、認知症と診断がつくレベルではないものの認知機能が低下している状態は軽度認知障害と呼ばれます。

　認知症の症状は「中核症状」と「周辺症状」に大別されます。介護者は中核症状よりも周辺症状の対応で苦労することが多いものです。これらの症状でどのような困りごとが起きるかを見ていきましょう。

### ワンポイントレッスン

　中核症状はあらゆる認知症に起こりやすい中心的症状です。例えば人の名前や物の置き場所を忘れる記憶障害、日付・場所など自分の置かれた状況がわからなくなる見当識障害や、料理をする時に手順がわからなくなる実行機能障害などがあります。中核症状の具体例としては、今日が何日かわからなくなり、お昼に友達と会う約束を忘れていて、慌てて出かけようとしたら財布が見つからず、電話で遅れる連絡をしようとしたけれど電話の使い方がわからなくなってしまう、といったことがあります。

一方、周辺症状は中核症状に伴って行動面・精神面で生じる症状を指します。家族へ暴言を吐いたり、近所を徘徊したり、「家族が自分の物を盗んだ」といった妄想のような思い込みが進行するなどの症状が見られます。また、抑うつも周辺症状の1つです。うつ病だと思って受診したら、実は認知症だったというケースもあります。

認知症の発症後に認知機能が改善する場合もありますが、現在の医学では症状の進行を抑えるための治療しかなく、完全治癒はできません。そのため認知症は医学的な治療だけでなく、本人や家族に対する心理的・福祉的支援が非常に重要です。認知症患者が適応的な生活が送れるような、そして介護者の心理的負担を減らせるような支援を行う必要があります。認知症の原因となる脳卒中の治療や予防などは医療の助けを借り、日常の過ごし方や介護者の接し方は、心理や福祉の助言を受けるなどの役割分担と連携支援が重要です。また、**認知症の症状が出て一番戸惑うのは患者本人なので、その気持ちに寄り添って接することも大切**です。電話の使い方を忘れがちであれば、本人にとってわかりやすい、その人用の説明書を書いてあげるのも有効です。認知症患者および介護者にとってストレスが少なくなるにはどうしたらよいかを考え、そこに適切な治療や支援を受けられるように環境を整えることが大切でしょう。

**覚えておきたいターム**
☑アルツハイマー型認知症　　☑脳血管性認知症　　☑軽度認知障害
☑中核症状　　☑周辺症状

戸惑いに寄り添って接する

# 006
## レム睡眠・ノンレム睡眠

### 解説

　私たちは眠りにつくと、まずは60〜90分間の深い眠りであるノンレム睡眠の状態に入ります。その後で浅い眠りであるレム睡眠に移行し、このサイクルを一晩で3〜4回繰り返します。レム睡眠時は身体の力が抜けており、眼球が左右に動く「急速眼球運動」が見られます。身体は睡眠状態に入っているのに、脳は起きている状態なので、金縛りにあったり、夢を見たりするのはこのレム睡眠時です。

　一方で、ノンレム睡眠時は脳が休息状態になっていて、体温が下がり、身体の活動時に働く交感神経よりもリラックスさせる副交感神経が優位になります。さらに、成長ホルモンの分泌も盛んになり、細胞の新陳代謝を促してくれるので、皮膚や筋肉の成長だけでなく、筋肉や内臓の疲労回復が促されます。

　ちなみに、レム睡眠時の脳波は振れ幅が小さく速い波で、脳は覚醒状態になっています。ノンレム睡眠時の脳波は振れ幅が大きく遅い波になり、脳の活動が低下している状態です。

### ワンポイントレッスン

　睡眠サイクルが乱れ、睡眠の質が悪化すると、記憶力や判断力といった認知機能の低下を招き、社会生活に支障をきたすことになります。さらに睡眠不足や不眠が慢性化すると、不眠症や過眠症といっ

た睡眠障害を患い、うつ病や生活習慣病の発症リスクが高まります。

　特に現代人はパソコンやスマホを夜遅くまで扱うことが多く、それらのブルーライトを含む強い光を浴びているせいで、寝つきが悪くなり睡眠の質が低下しがちです。乱れた睡眠習慣を正常化するには、生活習慣を見直したり、快眠のための睡眠環境を整えたり、薬物療法を行うなど、さまざまなアプローチがありますが、認知行動療法によっても改善することが可能です。例えば、不眠症で寝つきの悪さに悩まされている人は、寝床を寝つけない苦しい場所として思い込んでいる場合があります。なかなか寝つけないときは、寝床から出て他の部屋に行ってみるのも手段の1つ。その後、眠くなってから寝床に戻るようにします。そうした体験を重ねていくことで、「寝床は眠れる快適な場所である」という認知に修正できることがあります。

　私たちは睡眠時にホルモンの分泌、免疫の強化、記憶の整理など、心と体のメンテナンスを行っています。良質の睡眠こそが、健全な日常生活の維持とパフォーマンスの向上に欠かせないのです。

## 覚えておきたいターム
☑急速眼球運動　　☑交感神経　　☑副交感神経　　☑睡眠障害
☑認知行動療法

### 良質の睡眠を取れているか？

# 007

## 図と地

**解説**

　私たちがまとまりのある形を知覚するときに、その対象は浮き出て見える「図」と呼ばれる部分と、その背景となる「地」と呼ばれる部分で形成されています。例えば下図の白い部分を強く認識しても何の形だかわかりませんが、黒い部分に意識を向けると、「ＴＩＴＬＥ」と書かれていることがわかるはずです。文字として認識できるのは、図となる黒い部分を地である白い部分から取り出して捉えているからであり、これを「図と地の分化」と言います。

　また、図と地が入れ替わることで2通りの見え方をする図形を反転図形と言い、「ルビンの杯」がその代表例です（P51参照）。黒い部分を図として意識すると、白い部分が背景である地になり、2人の顔が向き合っているかのように見えます。逆に白い部分を図として注目すると、黒地に白い杯があるかのように見えるはずです。

## ワンポイントレッスン

　心理療法の1つであるゲシュタルト療法では、クライエントの問題を生じさせている衝動・欲求・感情行動を「図」、その背景にあるクライエント個人の全般的な心のあり様や周囲との関係性などを「地」と捉えます。そして、図と地の関係性が1つのパターンに固着したり、柔軟な反転や入れ替えができなくなったりすると、心理的問題が生じると考えるのです。

　例えば、今の仕事に興味がわかず、会社に行くこと自体が億劫になっているとしたら、その苦痛な気持ちが図になります。この図を放置し続けると、仕事への嫌悪感が募っていくばかりで、ストレスフルな状態に陥ります。それならばいっそ興味の出る職種に転職をして、仕事へのネガティブな意識を図から地に退かせるのも1つの手でしょう。

　もしくは、地に潜んでいる職場のプラスとなる要素をあえて考えてみるのもよいでしょう。例えば、親身に相談に乗ってくれる上司や同僚に恵まれていて、人間関係的には働きやすい環境だとしたら、そうした前向きな意識を図にすることで、今の仕事を異なる視点から捉えることもできます。実はこれまで目を向けていなかった周りの地の部分にこそ、新しい気づきや解決の糸口があるのかもしれません。

### 覚えておきたいターム
☑図と地の分化　　☑反転図形　　☑ゲシュタルト療法

> # 1つに凝り固まらずに視点を変えてみる

# 008

## 錯視

### 解説

　錯視とは**視覚に関する錯覚のことを言い、実際のサイズよりも大きく見えたり、止まっているものが動いて見えたりするなど、実在する対象を誤って知覚してしまう現象**を指します。私たちは視覚情報を目から取り入れますが、その情報は脳に伝わって処理されます。その情報処理にかかる時間は情報の種類ごとに異なるため、同時に何種類かの情報が入ってくることで、脳がいわば騙された状態になって錯視が生じると言われています。有名な錯視としては、直線が傾いて見える「フレーザー錯視」、同じ色の明るさが異なって見える「ホワイト効果」などがあります。とりわけ大学の心理学の授業では「ミュラー・リヤー錯視」を使った実験がよく用いられます。下図のように内向きの矢羽のついた直線と外向きの矢羽のついた直線では、内向きの矢羽のついた直線の方が長く見えるはずです。しかし、実際には２つの直線は同じ長さなのです。

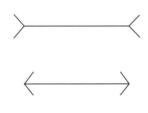

ミュラー・リヤー錯視

## ワンポイントレッスン

　錯視の応用例を化粧の技法で考えてみましょう。例えば目に長めのまつげをつけることで、目が実際よりくっきりと大きく見えることがあります。これはまつげがミュラー・リヤー錯視の内向きの矢羽の効果を持っているからです。

　また、右図では2つの線は同じ長さですが、上の小さな四角で囲まれた線よりも、下の大きな四角で囲まれた線の方が少し短く見えるのではないでしょうか。これは、「ボールドウィン錯視」と呼ばれており、人は線単体で見るのではなく、周りの図

ボールドウィン錯視

形と対比して見てしまうため、そのように見えてしまうのです。この効果を利用して、つばの大きな帽子をかぶるとその対比で小顔に見えたり、裾の広がったパンツを着用することで脚が細く見えたりします。

　このように、錯視を応用することによって、実在するものと私たちが目で知覚するものとの違いを効果的に日常生活に取り入れることができるのです。

### 覚えておきたいターム
☑錯覚　　☑フレーザー錯視　　☑ホワイト効果
☑ミュラー・リヤー錯視　　☑ボールドウィン錯視

# 目に映るものが真実とは限らない

# 009
## 奥行き知覚

解説

　人間は、視覚や聴覚、触覚を用いて奥行きを感じ取ることができますが、**観察する人から刺激対象までの空間を三次元的に知覚し、方向や距離感を立体的に把握する感覚**のことを奥行き知覚と言います。

　私たちの五感の中で最も安定して奥行きを感じることができるのは視覚です。例えば、写真、絵画、テレビの画像などは平面的な画像であるにもかかわらず、奥行きを感じることができるはずです。私たちは通常、左右の２つの眼でものを見て、外界を知覚しています。左右それぞれの眼に映っているのは二次元の網膜像ですが、両眼の情報をあわせることによって三次元的に、つまり立体的に外界を把握することができるのです。また、聴覚によっても奥行きを知覚することが可能で、音の大きさなどから音源の方向や距離に関する情報を判断できます。自動車のクラクションの音が聞こえた時、それほど大きな音に聞こえなければ遠くで鳴っていると判断されます。さらに、触覚によっても私たちは奥行きを知覚することができます。目を閉じて、手に持った竿を振り回すだけでも、その竿の長さについておおよその検討をつけることができます。

　このように、私たちは**視覚や聴覚だけではなく手や皮膚、筋肉、腱などの触覚から得た種々の情報を総合して奥行き情報を判断している**のです。

脳・感覚・知覚

認知

学習

社会

発達

自己

臨床

調査・統計解析

## ワンポイントレッスン

　私たちは片眼を閉じて何かを触ろうとしても、両眼を開いている時に比べるとうまくできないものです。それは片眼だと立体的に外界を把握しづらいためです。奥行きを感じるための手がかりには、眼球を動かす時の水晶体調節、両眼の視覚像のズレなどが使われます。両眼は片方ずつでそれぞれ微妙に異なる情報を捉えていますが、情報のズレ具合などを総合的に判断して人は奥行きを把握しています。これを「両眼視」と言います。両眼視は普段意識されることはなく、眼や脳がいつの間にか情報処理をしてくれているのです。

　その他にも対象の相対的な大きさや高さ、重なり、陰影なども奥行きを判断する手がかりとなります。また、見えている対象がよく知っているものかそうでないのかも、奥行き情報の手がかりになり得ます。例えばバスケットボールとテニスボールが同じ大きさで見えたとき、その2つの一般的な大きさを知っていれば、テニスボールの方が自分の近くに置かれていると判断できます。日常生活ではこうしたさまざまな手がかりがあるため奥行きを判断しやすいのですが、手がかりが少なくなると奥行きはつかみづらくなります。例えば鍵穴から見知らぬ部屋の様子をうかがう場合は、視野が限られて手がかりが少ないので、部屋の奥行きを判断しにくくなることは想像に難くありません。

**覚えておきたいターム**
☑視覚　　☑聴覚　　☑触覚　　☑三次元的知覚　　☑両眼視

見て、聴いて、触ってみる

# 010
## 仮現運動

### 解説

　仮現運動とは、**動いていないものがあたかも動いているかのように見える現象**のことです。より狭義には、ある対象Aと対象Bを、遅すぎず早すぎない程度の時間間隔を置いて、それぞれ別の場所で交互に呈示すると、対象AとBが動いているように見える現象のことを言います。下図の図形Aと図形Bを、それぞれの場所で一定の時間間隔を置いて交互に呈示すると、図形Aから図形Bの位置に、図形Bから図形Aの位置にと、2つの図形が移動しているように見えます。

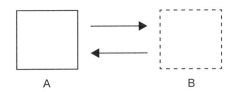

A　　　　　　　　　　　　　　B

### ワンポイントレッスン

　仮現運動の応用例としては踏切の警報器が有名で、こうした警報器に見られる運動は「ベータ運動」と呼ばれます。多くの警報器には上下または左右に信号が付いており、これらが交互に光って通行する人々に注意を喚起しています。この信号は見かけ上動いているかのように見えますが、実際にはそれぞれの位置で信号が明滅を繰

り返しているだけです。この信号の明滅が動いているように見えるためには、明滅するタイミングが重要となります。明滅する時間差が約30ミリ秒以下の場合は、2つの信号は同時に点滅しているように見えます。時間差が約60ミリ秒くらいになると、信号が動いているように見え、このぐらいの間隔が「最適時相」と呼ばれています。この時相では自然な動きが知覚されますが、こうした運動知覚が生じることを「ファイ現象」と呼びます。さらに、時間差が200ミリ秒以上になると、2つの信号は順番に点滅していると知覚されますが、運動が生じているようには見えません。

　両腕を90度に広げている人間の静止画と、75度、60度、45度とその人の腕の角度が少しずつ下がっている静止画を用意し、それを連続で表示すると、その人が腕を下げているように見えます。逆の順番で表示すると今度は腕を上げているように見えるはずです。こうした連続性のある静止画を大量に準備して流し続ければ物語を表現することも可能で、それを映写して鑑賞できるようにすれば映画ができます。すなわち仮現運動は映画の原理にもなっているわけですが、かといってゲシュタルト心理学者が仮現運動を発見したおかげで映画が産まれたというわけではなかったようです。それより昔の1895年に、映画の原型となるシネマトグラフは、リュミエール兄弟によってすでに発明されていたのです。

**覚えておきたいターム**
☑ゲシュタルト心理学　　☑ベータ運動　　☑最適時相　　☑ファイ現象

> # 動いているかのように錯覚しているだけ

# 011
## ストループ効果

### 解説

　ストループ効果とは、**それぞれ意味の異なる刺激が同時に呈示されると、刺激に反応するまでに時間が多くかかる現象**のことで、1935年にストループ,J.R. によって発表されました。

　ある実験例で考えてみましょう。被験者にあらかじめ「これから文字の書かれた紙を見せます。書かれている文字の意味ではなく、文字の色を答えてください」と伝えておきます。そして被験者に、緑色のペンで「赤」という文字を書いた紙を被験者に見せます。ここで被験者が求められているのは、「緑」と答えることです。文字の色と意味が同じ場合よりも、緑色のペンで「赤」と書くような文字の色と意味が異なる場合の方が、答えるまでに時間が長くかかってしまいがちです。また、同様の刺激について、「文字の表す意味を答えてください」という課題を出してみると、本来なら「赤」と答えるべきところを、緑色で書かれているがために、正答を導き出すまでに時間がかかる傾向が見られます。こちらは「逆ストループ効果」と呼ばれます。**矛盾した情報が同時に入ってくるとそれに対処するために余分な負荷がかかってしまうのです。**

　こうした現象が起こる原因としては、色と文字という2つの刺激が同時に入ってくるので知覚的な処理に時間がかかる、単語を読む速度と色の名前を答える速度自体が異なる、色と文字とで概念が異なるため処理に時間がかかる、といったことが挙げられます。

脳・感覚・知覚

認知

学習

社会

発達

自己

臨床

関連・統計解析

## ワンポイントレッスン

　このように意味の異なる刺激が同時に呈示され、どちらか片方の刺激に反応して答える課題を総称して「ストループ課題」と呼びます。ストループ課題では、どちらか一方の刺激に選択的に注意を向けるため、もう片方の刺激を無視しないといけません。そのためストループ効果・逆ストループ効果は、意識的に特定の事柄に注意を向ける選択的注意の度合いを測る指標にもなると言われています。

　日常目にするものの中でも、意図せずストループ効果を生じさせてしまっているものがあるかもしれません。日本のトイレの表示板は男性用に青系、女性用に赤系の色を使うことが多いですが、逆の配色にすると間違えて入ってしまう人が増える可能性があります。また、飲食店のメニューの「温かいうどん」には、青や紫などの寒色よりも赤やオレンジといった暖色を文字や背景に入れた方が、見た人は食べたいという気持ちを想起しやすくなるはずです。一方で「冷たいざるうどん」なら、寒色を使って清涼感が伝わるような装飾にすべきでしょう。**伝えたいメッセージがある場合は、受け手の想像を裏切らないように呈示する**ことでより円滑にコミュニケーションを取ることができるのです。

### 覚えておきたいターム
☑ストループ,J.R.　☑逆ストループ効果　☑ストループ課題
☑選択的注意

## わかりにくい文字や色を使っていないか？

# 012
## 選択的注意

### 解説

　選択的注意とは、さまざまな情報や刺激が飛び交う環境において、その人にとって重要だと認識された特定の情報のみを選択し、それに注意を向けることを言います。

　例えば、イベント会場や披露宴パーティでは、大勢の人でかなり騒々しい状態になりますが、そのような中でも誰かと話に夢中になっているときには、周囲の話し声やざわめきはあまり気にならないものです。しかし、別のグループから自分の名前や関心のあるキーワードが聞こえた途端に、その人たちが話している内容が聞き取れるようになることがあります。こうした、特定の会話に注意を向けることができる現象が「カクテルパーティ効果」と呼ばれるもので、選択的注意の代表例とされています。

### ワンポイントレッスン

　左右の耳に別々の文章を聞かせ、片方の耳から聞こえた内容だけを後で追唱させると、指定した耳から聞かされた文章は追唱できるのに、反対の耳から聞かされた文章はまったくと言っていいほど聞き取れないという、チェリー,E.C. による「両耳分離聴の実験」も、選択的注意の1つとして有名です。

　この両耳分離聴の実験において、追唱しなかったメッセージに

脳・感覚・知覚

認知

学習

社会

発達

自己

臨床

調査・統計解析

ピーという機械音を挿入したところ、この音が含まれていることに被験者は気づくという結果が得られています。したがって、注意が向けられていない情報に対しては、物理的な情報の処理はなされているけれども、意味的な処理がなされていないということがわかります。

　また、人は特定の情報に注意を向けるだけでなく、自身の信条や経験に基づいて選択的に情報を記憶し、解釈することもあります。これを「選択的知覚」と言い、特に自分が信じる仮説に合致する情報ばかり集めたり重視したりする性質のことを「確証バイアス」と言います。これは自動的かつ無意識のうちに生じます。**人は自分の考えに賛成の意見ばかりに注目したり、逆に一致しない意見や自分にとって好ましくない内容については無視したりしがちである**と考えられています。

　例えば、良い大学に入ることが何よりも大事だと考えている受験生がいたとします。学校では同じ考えの同級生の方が話が合うし、友達として自分にふさわしいと感じたり、有名な大学を出た先生の授業はよりわかりやすいと感じたりします。その一方、良い大学を出ても成功するとは限らないといった話は聞いてもすぐに忘れてしまったり、いい加減な話だと信じなかったりする傾向があります。テレビを見るときは一流大学を出て成功した人の話題が目に入りやすく、逆にテレビに出ているのに冴えないと思う人のことを調べたら、一流校出身ではなかったという情報がより印象に残ることもあるでしょう。しかし、自分の考えに合致する情報がたくさん入ってくるからといって、それが絶対に正しいかと言えば必ずしもそうではありません。他の人がテレビを見れば、大学を出ていなくても社会的に成功した人がいるという情報をたくさん目にするかもしれま

せんし、有名大学出身ではないある先生の授業は、身近な例を数多く挙げていて、どの先生の話よりも記憶に残りやすいと感じる人もいるかもしれません。

　このように情報を無意識に取捨選択することは、時には偏見につながることもあります。日本人に否定的なイメージを持つ外国人は、水墨画を見て冷淡そうな人種だと思い、肯定的なイメージを持っている場合は水墨画から侘び寂びの心を知る落ち着いた人種だと思うかもしれません。知らず知らずのうちに偏ったものの見方をして思い込みに陥ってしまっていないか注意したいものです。

### 覚えておきたいターム

☑カクテルパーティ効果　　☑両耳分離聴の実験　　☑選択的知覚
☑確証バイアス

## 関心事にとらわれ過ぎると
## 偏見につながることもある

# Chap.2 認 知

思考や行動を
コントロールする働きを知る

# 013
## 短期記憶

**解説**

　私たちは日々の生活において莫大な情報に触れていますが、その
すべてを記憶しているわけではありません。頑張って覚えたつもり
の複数の英単語も、翌日に見返したら半分以上のつづりを思い出せ
ないといった経験をしたことがあるのではないでしょうか。一方
で学生の頃からずっと忘れない英単語もあるはずです。このように、
**記憶には短い時間だけ保持される短期記憶と、それ以上の長い時間
保持される長期記憶とがあります。**

　目や耳で受け取った情報を、すべて一時的に保持する記憶を「感
覚記憶」と言います。情報はまず視覚や聴覚等に関連する感覚登録
器に感覚記憶として一時的に保持され、そこで注意などにより選択
された情報が短期貯蔵庫に入力され、短期記憶として一定期間保持
されるという流れになっています。

　しかし、短期記憶は何もしないと忘却され、消失までの時間はわ
ずか15〜30秒とされています。短期記憶はまさに目の前の課題を
解決するために一時的に保管される情報で、用が済み次第消え去っ
てしまうのです。短期記憶として一度に多くの情報を保持できるわ
けではなく、その容量には限りがあります。「5、8、1、9、0、4…」
と特に規則性のない数字の並びを覚えようとしても、だいたい7桁

前後までしか即時に覚えることはできないものです。このように、短期記憶の容量は7±2のチャンク（意味のまとまり）とされており、この現象をミラー,G.A.は「マジカルナンバー7」と呼びました。そこから、情報を頭の中で復唱するリハーサルといった処理をすることで、長期記憶へと移行していくのです。

## ワンポイントレッスン

　感覚記憶は、感覚器官で受け取った感覚を、とりあえず一旦保持するための記憶であり、これをすべて記憶していてはすさまじい容量となり、処理しきれず大変なことになってしまいます。そのため、特に注意をひかなかったものや、あまり重要ではないと判断されたものの記憶はすぐに消えてしまうのです。

　視覚情報の感覚記憶をアイコニック・メモリーと言います。この持続時間は約1秒以内とされています。聴覚情報の感覚記憶はエコイック・メモリーと言います。エコイック・メモリーの持続時間はアイコニック・メモリーより長く、5秒程度は持続することがわかっています。入っては消えていく膨大な感覚記憶の中、意味がある情報だと選択されたものだけが、短期記憶として残るのです。

### 覚えておきたいターム
☑感覚記憶　　☑7±2チャンク　　☑マジカルナンバー7　　☑リハーサル
☑アイコニック・メモリー　　☑エコイック・メモリー

## 記憶に残るものには意味がある

# 014
## 長期記憶

### 解説

　注意を向けることで数十秒程度だけ保持される記憶を短期記憶と言います。そして、その**短期記憶の情報は、何度も繰り返し思い出すリハーサルをしたり、すでにある記憶と結び付けるなどの意味処理がなされたりすると、永続的な貯蔵庫へと送られ、長期記憶となります**。「一昨日の晩ご飯は何を食べましたか？」と急に尋ねられても、思い出せないという人は結構いるのではないでしょうか。それは一昨日の晩ご飯の情報が記憶と結び付いていないからです。しかし、それが感動するくらい美味しい料理、もしくはその反対にすごく不味い料理であったとしたら、すぐに思い出せるはずです。一昨日の晩ご飯が「驚くほど美味しい（不味い）」という記憶と結び付き、意味処理されることで、長期記憶となるのです。

　長期記憶は、半永久的に保持され、ほぼ無限の容量を持つのがその特徴で、言語的レベルでの「宣言的記憶」と、認知・行動レベルでの「手続き記憶」とに分けられます。

### ワンポイントレッスン

　宣言的記憶とは、言葉によって記述することができる事実についての記憶です。教科書を使って学習した内容や知識などがこれに当たります。宣言的記憶はさらに「エピソード記憶」と「意味記憶」と

に区分することができます。

　エピソード記憶とは、例えば、「今週の水曜日は図書館で勉強をしていた」といったような、時間的・空間的文脈の中に位置づけられる個人的な出来事の記憶です。エピソード記憶の情報の特性として、体験したエピソードに関するものであり、時系列が存在することなどが挙げられます。そして、他の記憶による影響を受けやすいとされています。意味記憶とは、例えば、「りんごは果物だ」という定義や「１＋１＝２」といった数式の他、一般常識や歴史上の事実などの記憶を指します。意味記憶における情報の特性として、まず、その情報が理解されることが必要であること、事実・観念・概念が情報の単位となっていて、概念的にまとまりを持っていることなどが挙げられます。エピソード記憶と異なり、他の記憶による影響は受けにくいとされています。また、エピソード記憶については「覚えている」という言い方が、意味記憶については「知っている」という言い方がしっくりくることが多いとされています。

　一方の手続き記憶とは、技能や一連の手続きに関する記憶のことです。言葉で説明するのは容易ではない場合が多く、意識しないで使うことができます。いわゆる「身体が覚えている」といったもので、例えば、自転車の乗り方、楽器の弾き方などが該当します。

**覚えておきたいターム**
☑リハーサル　　☑宣言的記憶　　☑手続き記憶　　☑エピソード記憶
☑意味記憶

## 刻み込まれた記憶は忘れない

# 015
## プライミング

### 解説

　事前に見聞きした情報がその後に続く事柄に無意識に影響を与えることをプライミング効果と言います。先に見聞きする情報を「プライム刺激」、影響を受ける後続の事柄は「ターゲット」と言います。

　連想ゲームをする前に、あらかじめ果物の話をしておくと、赤という言葉から「りんご」や「いちご」が連想されやすくなります。また、車の話をしておくと、同じ赤という言葉から「信号」や「スポーツカー」が連想されやすくなります。果物や車の話がプライム刺激であり、りんごやスポーツカーの連想がターゲットに当たります。こうした効果が生じるのは、単語や概念が互いにネットワークを形成しているためだと考えられます。

### ワンポイントレッスン

　事前の情報として五感から得られる情報は、文字、映像、音楽など多岐にわたるため、私たちは知らず知らずのうちに実生活でもプライミング効果によって行動を選択していることがあります。

　例えば街中で偶然すれ違った人が着ていた白いポロシャツが目に留まり印象に残っていたとします。すると、後日服を買いに行っても、たくさんの種類の服がある中で、白いポロシャツばかりを物色してしまうという経験があるのではないでしょうか。偶然見かけた

白いポロシャツがプライム刺激となって、その後の購買行動に影響を与えていると言えます。

また、プライミング効果は印象操作やイメージ戦略にも利用されることがあります。例えば、ある俳優がドラマで企業に根付く数々の問題に対峙し、解決していく上司役を演じていたとします。そしてその後に理想の上司アンケートが実施されると、その俳優が上位にランクインするといったことがあります。これはそのドラマがプライム刺激としてアンケート回答者に影響を与え、その俳優の名をアンケートに記入するという行動につながったことになります。

プライム刺激を処理していると、その刺激に関連のある概念はいわば無意識に活性化され、思い出しやすくなります。そうなると、関連するターゲットを活性化させるための認知的処理負担が軽減され、ターゲットに関する行動が促進されやすくなるのです。

**覚えておきたいターム**
☑プライム刺激　　☑ターゲット　　☑印象操作

> その選択は何かの影響を
> 受けているのかもしれない

# 016
## 忘却

### 解説

　忘却とは、**短期記憶や長期記憶に保持していたつもりの情報を思い出せずに意識することができない状態**です。人間の記憶の過程は、記銘・保持・想起の３段階に分けることができ、忘却の原因は諸説ありますが、主に記銘時の失敗によって生じると考えられています。記銘とは、物事や経験を記憶として取り込むことを意味します。記憶の第１段階にあたり記銘でミスが起こると、以後の保持と想起の段階に進みません。記銘を阻害する要因としては、記憶の干渉が挙げられます。

　記憶の干渉とは、ある記憶が他の記憶の影響を受けることであり、お互いに類似している記憶ほど干渉が起こりやすいとされています。例えば、ラグビー経験者がアメリカンフットボールのルールを覚える場合が考えられます。一見すると、２つとも似ているスポーツなので、両者のルールが混ざってアメリカンフットボールのルールを上手く覚えられない可能性があります。つまり、自分が有している記憶が新しい情報を記銘することの障害になり得るということです。

### ワンポイントレッスン

　ある記憶が特定の記憶の記銘などを妨害することを「抑制」と言います。抑制には順向抑制と逆向抑制があります。順向抑制は、上

記のラグビーとアメリカンフットボールの例のように、以前の記憶によって特定の記憶が影響を受けることを意味します。一方、逆向抑制は特定の記憶が以後の記憶によって妨げられることを示します。「数学の勉強をしていたら、その前の英語で学習したことを忘れてしまった」ことが逆向抑制の一例になります。

　このような忘却が生じる仕組みを理解することは、忘却しないコツをつかむことにつながります。その1つとして、スキーマを上手く活用することが挙げられます。スキーマとは、個人に備わっている一貫した知覚・認知の構えであり、スキーマに合う内容は記憶として定着しやすいものです。「自分の性格は優しい」というスキーマを持っている場合、他人に優しくした記憶は忘れにくい一方、スキーマに合わない内容は忘れやすいので注意しましょう。また、覚えたいことを復唱するリハーサルも忘却を防ぐ方法になり得ます。同じ情報を何度も取り入れることによって、徐々に記憶が定着していくからです。

　忘却が発生する要因は多岐にわたりますが、その多くは記銘の段階のエラーにあります。ゆえに、スキーマやリハーサルなどを活用して記銘する方法を工夫すれば、忘却が生じる可能性を下げることができるのです。

**覚えておきたいターム**
☑記銘　　☑干渉　　☑抑制　　☑スキーマ　　☑リハーサル

忘れたくないことは記銘の仕方を工夫せよ

# 017
## スキーマ

スキーマとは人間の認知過程を説明する際に用いられる概念の1つで、**経験に基づいて作られる抽象的で一般的な知識のまとまり**を意味します。

例えば、タイヤが4つ付いていて、人が出入りする扉があり、中にはハンドルや座席があり、一部ガラス張りで中が見える鉄の塊というと、多くの人は「自動車かな」と頭に浮かび、少なくとも電車や馬車とは違うものだろうとわかるはずです。こうした推測ができるのは、「車スキーマ」とでも呼ぶべき、車について一般化された知識を持っているからです。

また、スキーマは車のような物だけではなく、動作や出来事についても仮定することができます。動作に関するスキーマには「投げる」「買い物をする」などが、出来事に関するスキーマには「受験」などが挙げられるでしょう。受験スキーマには、志望校選び、勉強、実際に試験を受けるといった典型的な流れが含まれ、こうした前提となる一連の流れのことを「スクリプト」と言います。

スキーマには変数を持つことと、埋め込み構造を持つことという2つの特徴があります。変数というのは、スキーマの構造の中で特

定されていない部分のことです。投げるスキーマでは、投げるもの、相手、方法などが変数に当たります。埋め込み構造とは、スキーマの中に別のスキーマが入り込んでいることを意味します。例えば、車スキーマの中には窓ガラススキーマや座席スキーマなどが含まれます。普段は車を見かけても「車だ」と思うだけで、車の窓ガラス一つ一つまで意識することはないでしょう。むしろその方が車を大まかに理解する上では便利です。そして、必要な時だけ窓ガラスや座席の材質など、車に埋め込まれたスキーマにも注意を向ければよいのです。

　こうしたスキーマの利点は、**情報が不足している状況下でも、スキーマを参照すれば足りない情報を推論によってトップダウン処理で補うことができる**ことにあります。例えば、外食スキーマが頭の中に入っていれば、食事をする場所での一般的な座席の取り方、注文の仕方、会計のタイミングなどが理解できているため、知らない飲食店に入ってもそれほど迷わずに振る舞うことができるのです。

**覚えておきたいターム**
☑スクリプト　　☑変数　　☑埋め込み構造

## 関連づければ新しい情報でも処理しやすくなる

# 018
## トップダウン処理・ボトムアップ処理

**解説**

　トップダウン処理・ボトムアップ処理とは、認知心理学における人間の情報処理過程に関する概念です。外界の刺激を解釈して物事などを認識することをパターン認知と言いますが、パターン認知はトップダウン処理とボトムアップ処理の２つに大別されます。

　**トップダウン処理では、全体を理解した後に部分を捉えるという情報処理が行われます。**また、既有知識やこれまでの経験をもとにして情報が処理されます。一方、**ボトムアップ処理では、いくつかの部分を組み合わせて全体を理解する情報処理が行われます。**つまり、情報はトップダウン処理と逆の過程で処理されます。

　２つの方法は、情報処理における部分と全体の優先度に違いがあり、それぞれの方法に長所と短所があります。

**ワンポイントレッスン**

　トップダウン処理の長所は、情報を効率よく処理して状況などを理解できることです。例えば、物陰から「ワンワン」という鳴き声が聞こえたとします。実際に犬の姿が見えなくても、その鳴き声で「そこに犬がいるのだろう」と推測することができるでしょう。しかし、自らの知識や経験に頼って見方が狭くなるという短所があります。

ボトムアップ処理は、物陰から毛皮のある耳と尻尾が見えた時、犬などの小型動物ではないかと推測するのが一例で、情報を積み重ねて状況を理解できる点が長所と言えますが、やや効率が悪いのが短所です。「反転図形」と言われる下図のルビンの杯は、この2つの処理が相補的に働きます。描かれている図形の白い部分または黒い部分に注目すると、それぞれ杯または人の顔が見えます。ボトムアップ処理だけでは単に2つの絵という部分的な情報として理解されますが、トップダウン処理により、注目する部分によって見え方が変わる多義図形であると包括的に理解することができます。

**ルビンの杯**

私達はトップダウン処理とボトムアップ処理を無意識に使い分けていますが、部分と全体のどちらを見るか意識的に選択すると効率的な情報処理が可能となります。

### 覚えておきたいターム

☑パターン認知　　☑部分・全体　　☑既有知識　　☑ルビンの杯

## 部分と全体のどちらに焦点を当てるか

# 019
## 内言と外言

### 解説

　内言と外言とは、**人間の言語発達における発話に関する2つの分類**のことです。ヴィゴツキー,L.S. とピアジェ,J. が子どもの言語発達を説明する際に用いた概念であり、思考と言語の関連に注目しています。内言とは、心の内面で用いられる、思考の道具としての言語です。内言には、音声を伴わない、圧縮や省略が多い、単語同士が非文法的に結合しているために他者には理解しづらい、といった特徴があります。一方、外言は他者に向けての伝達の道具としての社会的言語を意味し、音声を伴う主語中心の構造で、文法的に整合性を持つという特徴が挙げられます。

　子どもが言語を習得する過程に関して、ヴィゴツキーとピアジェの見解は異なります。ヴィゴツキーは「外言から内言」という順番で言語発達が進むとしているのに対して、ピアジェは「内言から外言」という反対の流れを提唱しました。現在は、ヴィゴツキーの考え方の方が支持されており、社会的環境と双方向のコミュニケーションが言語発達において重要であるとされています。

### ワンポイントレッスン

　内言と外言の分化は幼児期に始まります。しかし、この分化が不十分な段階では、思考に外的な発声を伴うことが多いです。ヴィゴ

ツキーは、この不完全な内言が幼児期の独り言であると考えました。また、子どもの心身や言語の発達は一人だけで自然に進むものではないことを強調している点も重要です。親子関係や友人関係といった社会的環境の中で、他者との相互作用を行う、および、大人からの教育を受けることによって初めて実用的な言語能力の発達が進むとヴィゴツキーは主張しました。

ヴィゴツキーの理論は、主に幼児期の言語発達に焦点を当てていますが、英語やフランス語といった第2外国語の習得にも応用できます。例えば、英会話スクールなどの宣伝文句として使われることが多い「英語で考える」や「英語脳」は、外言と内言が英語になっている状態を表すと考えられます。言い換えると、内言が母国語の場合は、第2外国語をコミュニケーションの道具に限って使用しています。外国人講師と話せば、社会的環境との相互作用が生じるので、実用的な英語を習得できる可能性が高くなります。

言語には、伝達と思考という2つの側面があります。文法を習得する、単語帳で単語を1つずつ覚えるといった学習方法も大切ですが、学んでいる言語を使用して社会と関わることも言語学習において不可欠なのです。

**覚えておきたいターム**

☑ ヴィゴツキー,L.S.　☑ ピアジェ,J.　☑ 社会的環境　☑ 相互作用

## 言語を習得するなら何よりも環境が大事

# 020

## 知能

### 解説

　知能とは、**知識、判断、記憶、思考などの知性の総合的能力**のことです。人によって、知的機能の水準は異なります。そのため、知能を客観的に示す指標として知能指数（ＩＱ）が使われています。ＩＱの導入によって、知能の個人差や集団における相対的順位を確認することができます。高い知能を有する人や卓越した創造的業績を成し遂げた人のことを天才と呼びますが、天才のＩＱの数値は100を標準として145以上という考えもあります。

　キャテル,R.B. は、知能が指し示す種々の知的能力を流動性知能と結晶性知能に分けました。流動性知能とは新しい場面に対応するための柔軟な知的能力のことであり、思考力や判断力と密接な関連があります。一方、結晶性知能は過去の学習内容や経験に基づく知的能力のことであり、記憶力や知識が含まれています。日常生活や仕事において、２つの知能が用いられる場面は異なります。「勉強ができても仕事の成果がいまいちな人」や「学歴では目立たなくても優秀な人」がいる理由は、両知能に差があることが一因です。

### ワンポイントレッスン

　流動性知能は問題解決能力や独創的なアイデアの形成と関わっています。また、結晶性知能は、専門知識や家事などを円滑にこなす

日常生活の知恵と関連しています。そのため、流動性知能と結晶性知能の強弱によって得意分野が変わります。例えば、流動性知能の方が結晶性知能よりも高い場合は、経営者やマスコミ関係の仕事などに向いている可能性が高いです。一方、流動性知能よりも結晶性知能が強い人達は、弁護士や公認会計士といった専門職に適性があります。

また、キャテルの理論に基づくと、プログラミングによって作られた人工知能（ＡＩ）は結晶性知能に特化していると言えます。ある特定の分野の知識量に関しては、人工知能の方が人間よりも優れていることがあります。しかし、データとして入力されていないこと、および、既存の知識や経験を応用して取り組むことについては、人工知能の限界を考慮しなければなりません。

知能と言ってもさまざまな捉え方があり、上記の他に実用的知能と社会的知能といった分類も提唱されています。特に社会的知能は、単に勉強ができる頭の良さではなく、上手に頼みごとをする知恵のような、生活を円滑にするための知能として重要な概念です。これは他者の気持ちを理解する知能とも言え、心の理論にも通じる概念と考えられています。

**覚えておきたいターム**

☑知能指数（ＩＱ）　☑個人差　☑流動性知能　☑結晶性知能
☑人工知能（ＡＩ）　☑社会的知能

「知能が高い」＝「勉強ができる」とは限らない

# 021
## 推論

**解説**

　推論とは、**前提や事実、および過去事例などに基づいて結論を導く思考過程**のことです。推論は、論理展開の方法によって「帰納推論」と「演繹推論」の2つに分けられます。

　帰納推論とは複数の事実やこれまでの事例をまとめて結論を導く方法です。例えば、「ランニングをしている友達の体調が良い」「雑誌でランニングは健康に良いことが掲載されていた」という情報を踏まえて「ランニングは心身の健康を維持する有効な方法の1つである」と考えることは帰納推論に該当します。一方、演繹推論では、普遍的な前提をもとにして結論が導き出されます。具体例としては、「風邪をひいたら体調が悪くなる」「季節の変わり目は風邪をひきやすい」という一般的な知識を踏まえて「今日の体調が悪い原因は風邪である」と思考をまとめることが挙げられます。

　私達が推論を使う機会は多いですが、帰納推論と演繹推論は、それぞれの使用に適した場面が異なります。つまり、2つの推論を意識すると、多くの問題や困難を解決することにつながるのです。

**ワンポイントレッスン**

　帰納推論は、調査やデータを使用して物事を説明する場面に適しています。例えば、「技術職は一般職よりも不況の影響を受けにくい」

ことを伝えたいときに、不況時の職種別の離職率や実際に技術職に従事している人達の体験談を示すといった事例が考えられます。また、帰納推論はいくつかの事実に基づいて仮説を生成する発見学習にも向いており、新しい観点や既存の枠には当てはまらない法則を生み出す可能性が含まれています。

演繹推論は、考え方やアイデアの正確性を証明する際に使われます。演繹推論は三段論法とも言われ、その特徴は周知のルールや知識と新しい情報を関連づけることです。「商品Aよりも商品Bのほうが利益率は高い」ときに、「利益率が高いものを優先する」というルールを踏まえて商品Bを販売することが一例です。また、一般原理の学習後に個々の概念や事例の学習に進む有意味受容学習は、演繹推論を応用しています。

さらに、心理学では帰納と演繹に加えて類推も重視しています。類推は、2つの対象に類似性がある場合、片方に当てはまることがもう片方にも当てはまると推論することです。他の2つの推論と比べて論証することが難しいものの、学習や子どもの認知発達を考える上で重要な概念と考えられています。

**覚えておきたいターム**
☑思考過程　　☑帰納推論　　☑演繹推論　　☑発見学習　　☑類推

> # 困ったときは論理展開を見直してみる

# 022
## 問題解決

　問題解決とは、**知識や経験をもとに問題に含まれている情報を解析して問題に対する答えを出すこと**です。思考の一部に分類される問題解決は、知覚や認知を含むすべての知的機能の中で最も複雑であるとされています。

　問題解決の手法は「アルゴリズム」と「ヒューリスティクス」に大別されます。アルゴリズムとは、定式化された手順や方法で答えを出す手法です。例えば、円周の長さを求めたいときに、円周率を用いた公式を使って解を出すことはアルゴリズムに該当します。一方、ヒューリスティクスは経験則や勘を頼りにして答えを導き出す手法です。目的地に不慣れな交通機関を使って移動する際に、快速電車や急行列車を使った方が早く到着できると考えて乗車してみることが例として挙げられます。脳への負荷や答えを出す速さという観点から考えると、アルゴリズムよりもヒューリスティクスの方が便利です。そのため、私達はヒューリスティクスを多用する傾向がありますが、算出された答えの精度には疑問符がつくことがあります。

　ヒューリスティクスは、効率の良い問題解決手法です。加えて、気づきや明確になっていない物事などの理解力を示す洞察とヒュー

リスティクスとの関連も指摘されています。しかし、ヒューリスティクスには先入観や思い込みといったバイアスが含まれているという一面があります。一方で、アルゴリズムは効率性という観点においてヒューリスティクスに劣ります。しかし、個人によって異なる経験や勘を問題解決においてほとんど使用しないため、答えの精度はアルゴリズムの方が高いです。また、アルゴリズムは試行錯誤によって生み出されます。したがって、現状の答えに疑問を抱いて試行錯誤を実施すると、より良い解を導くことができます。

　目的地への移動手段を考慮する例で改めて考えてみましょう。初めて利用する電車に乗る際、その路線に特急、快速、各駅停車の3種類があるとします。ヒューリスティクスを用いると、ひとまず特急か快速に乗れば目的地に早く到着することができそうです。しかし、行きたい駅に特急は停車しないかもしれません。最も確実なのは、3種類の電車がどの駅に停車するかを調べ、どの駅で乗り換えるのが効率的か、アルゴリズムを調べ上げてから乗車することです。実際にはそこまでせずとも、ある程度データを調べ、経験則を加味して電車に乗ってみることでも、概ね満足のいく結果は得られるでしょう。アルゴリズムとヒューリスティクスは、それぞれに特徴があります。長所短所を理解して効率的な問題解決はどちらが得られやすいか、時には折衷して検討することも重要です。

**覚えておきたいターム**
☑アルゴリズム　　☑ヒューリスティクス　　☑洞察　　☑試行錯誤

## 思い込みで答えを出していないか

# 023
## フレーミング効果

### 解説

　フレーミング効果とは、**論理的に同じ内容なのに、選択肢の表現の仕方や枠組みの違いが選考に影響する現象**のことです。フレーミング効果はダニエル,K. とエイモス,T. によって提唱された概念であり、人間の意思決定に大きな影響を与えます。

　自転車を購入したいと思って自転車Aと自転車Bを比較する状況を考えてみましょう。自転車Aには「90％の人が満足している乗り心地です」という宣伝文句が書かれています。一方、自転車Bでは「10％の人が乗り心地に不満があります」という文言があります。満足度という観点ではどちらも同じですが、自転車Bよりも心理的枠組み（フレーム）が満足感に方向づけられている自転車Aを好んで購入する人が圧倒的に多くなると予想されます。

　私達の人生において、意思決定をしなければならない場面は何度も訪れます。しかし、フレーミング効果によって合理的な意思決定が妨げられている機会は意外と多いものです。

### ワンポイントレッスン

　フレーミング効果にはポジティブフレームが関連しています。ポジティブフレームとは、ポジティブな伝え方や言葉を用いて相手の行動を促す方法を意味します。上記の自転車の例の場合、自転車A

の宣伝文句がポジティブフレームに該当します。ポジティブフレームで述べられていることは事実ですが、物事の良いところしか見ていないという一面もあります。したがって、ポジティブフレームで触れられていない事項も含めて意思決定をすると、合理的な選択を行うことができます。

　また、心的会計もフレーミング効果の1つです。心的会計とは、お金の使い方に関して、まったく同じ商品や金額でも状況によって損得の捉え方が変わることを意味します。例えば、近所の自動販売機で〇〇山系のミネラルウォーターが400円で売られていても買おうとはなかなか思わないのではないでしょうか。しかし、旅先の宿でご当地限定のものとして、そのミネラルウォーターが同じ値段で売られていたらついつい買ってしまいそうです。どちらも同じ金額を支払って同じ採水地の水を買っていることに変わりはないのに、後者の方が値段に納得しやすいものです。節約をしたいのであれば、心的会計上の損得勘定で動くのではなく、購入する判断が本当に合理的なのかを判断するように心がけるとよいでしょう。とはいえ、気持ちの上で得をできるのであれば、お金で買えないものを得られているとも言え、物事をただ合理的に考えればよいというわけではないのかもしれません。

## 覚えておきたいターム

☑意思決定　☑心理的枠組み（フレーム）　☑ポジティブフレーム
☑心的会計

> ### 90%が満足しているということは
> ### 10%は満足していないということ

# 024
## 批判的思考

### 解説

批判的思考とは、**問題に対する解や答えに至る過程などを適切に分析して、最適な解答に辿りつくための論理的で偏りの無い思考方法**のことです。「クリティカル・シンキング」とも言われており、主に近年の教育現場やビジネスシーンなどで使われている概念です。

批判的思考の方法としては、間違った推論の原因となる要因を明確化すること、および、行動決定の基盤になっている論理的思考の誤謬を発見することなどが挙げられます。例えば「医者になれば将来は安泰だから医学部に行こう」と考えている場合、収入といった経済的な一面や職業の安定性という観点のみに注目すると、論理的には筋が通っています。しかし、当直や過労による健康への影響や医療訴訟のリスクを考慮すると、安泰とは言い切れません。

批判的思考の「批判」が持つ意味は、研究者によって異なる部分があります。しかし、多くの研究において、批判が反対や否定と明確に区別されている点は同じです。

### ワンポイントレッスン

批判的思考は、相手の意見や考えを非難することを意味しません。むしろ、**思考を深めてより良い選択肢を導くことが批判的思考である**と言えます。思考を深めるためには、客観性、柔軟性を持ち、他

者の考えを鵜呑みにはしない一方で、自分の考えに固執せず異なる意見を尊重できることなどが必要です。

　具体例として、一流大学を出ている人達は仕事ができるから優先して昇進させた方がよいという暗黙のルールを考えます。勉強ができるので、高い理解力や緻密な計画性を有していることは事実かもしれません。しかし、コミュニケーション能力の有無や人格は学歴と必ずしも一致しません。つまり、業務のパフォーマンスのみに注目すると、昇進した後に本人と組織の双方が苦しむ危険があります。批判的思考に基づいて多角的な視点でこのルールを見直すと、お互いに満足する結果を導ける可能性が高くなります。

　また、批判的思考は新しい考え方を生み出す創造的思考と関連するものとして重要性が高まっているため、近年では批判的思考を身につける訓練やトレーニングが開発されています。具体的には、自分の認知行動を把握することに関与しているメタ認知の強化や目的意識を向上させるといったトレーニングです。また、批判的思考に取り組み続ける姿勢を養う方法として、答えが出ていない状況に耐える熟慮的態度の獲得という訓練もあります。物事を偏りなく多面的に捉えて本質を見抜くという意味でも、批判的思考法は非常に有用なのです。

## 覚えておきたいターム

☑クリティカル・シンキング　☑推論　☑明確化　☑行動決定
☑創造的思考　☑メタ認知　☑熟慮的態度

---

## 多面的な視点で思考を深めてみる

---

脳・感覚・知覚

認知

学習

社会

発達

自己

臨床

調査・統計解析

# 025
## 潜在学習

潜在学習とは、**行動の遂行に直接的に反映されることはないものの内的に処理される学習**のことです。トールマン,E.C. がネズミの迷路の実験を通じて証明した概念ですが、報酬などの学習を誘発する要因がなくても学習が行われていることが特徴です。学習の進捗度合いは、反応を求められたときに顕在化します。

トールマンは、ネズミを事前に迷路を探索させた群と迷路に初めて入る群とに分けました。そして、各群が迷路に置かれた餌などの報酬に辿りつく時間を調べた結果、事前に迷路を探索していた群の方が早いことが示されました。つまり、事前に迷路を探索していたネズミは、報酬が無くても迷路の構造を学習していたことになります。学習を通して形成されたこのような心的な構造を「認知地図」と言い、トールマンは潜在学習が認知地図の利用によってなされると述べています。

潜在学習は、ネズミに限らず人間でも生じます。例えば、本屋を探していてショッピングモールに向かったら、難なく目当ての本屋を見つけられたとします。この場合、以前ショッピングモールに行った記憶に基づいて、その中にある本屋が認知地図として頭の中に描かれていた、つまり潜在的に学習されていたと考えられます。その結果、本屋へのルートをわざわざ念入りに調べたりする手間をかけずに目的を達成できたのです。

## ワンポイントレッスン

　潜在学習は、洞察に基づく問題解決と関連しています。洞察は、過去の経験などに即したひらめきを用いて問題を解決することや、全体の状況を把握して瞬時に問題解決の見通しを立てることを意味します。潜在学習で学んだことが多いほど、洞察によって思いつく解決策が増えます。ヘアワックスの売り上げを伸ばす例で考えてみましょう。売り値を下げる、ヘアワックスを宣伝する機会を増やすなどの方法を1つずつ試していくと、相当な労力と費用がかかります。しかし、商品を置く場所を変えたら売り上げが変わったという過去の実体験に基づく対処策を洞察できたならば、ヘアワックスの陳列方法を工夫するだけでよいので、比較的に手間をかけずに実施することができます。

　私達は、意図しないことでも学習しています。そして、潜在学習の成果を日常生活や仕事で生じる問題を解決するために無意識で使っていることがあります。行動という形で取り組んだことのみに焦点を当てるのではなく、これまでに見たことや聞いたことも含めて解決策を考えてみると、最適な解答を導き出せるかもしれません。

**覚えておきたいターム**
☑トールマン,E.C.　　☑認知地図　　☑洞察

> # ひらめきに通じる心の地図を描けているか

# 026
# 目撃証言の信憑性

**解説**

　何か事件が起こった際、その場に居合わせた人の証言を「目撃者証言」と言います。この目撃者証言は、現場で事件や容疑者を目撃した人が語る内容であるため、信憑性が高いと考えられがちです。そのため証言内容が証言者の記憶違いであったとしても、証言によって無実の人が冤罪を被ることが起こり得るのです。

　実際には**目撃者の記憶はさまざまな心理学的要因の影響で変化し得るため、その証言は必ずしも信頼を置くことができない**ということがわかっています。ロフタス,E.F. は目撃者の記憶の信憑性に関する実験を行いました。この実験では自動車事故に関する映像を見せてから、一方のグループには目撃情報と一致する情報を与え、他方のグループには目撃情報とは異なる情報を与えました。その後で最初に見たスライドの確認テストを行うと、目撃情報と一致する情報を与えられたグループの正答率が7割以上だったのに対して、矛盾する事後情報を与えられたグループの正答率はわずか4割程度だったのです。このことから、出来事の後で提示された誘導情報が記憶を変容させていることが読み取れます。

## ワンポイントレッスン

　目撃者証言に影響する要因としては、凶器注目、無意識的転移、誤導情報、ストレス、年齢、照明、尋問者、目撃から証言までの時間経過、動機づけなどが挙げられます。

　例えば、夜仕事帰りに盗難事件を目撃して、逃げ去った男をあなたは少し遠くから目撃していたとします。しかし、現場をさらに近くで見ていた目撃者がいて、その証言と自分の記憶が異なっていたとしたらどうでしょうか。自分は少し遠くから、しかも周りが暗い時間帯に目撃したのだから、自分の方が見間違っていて、犯人はもう一人の証言のような人物だったのかもしれないと思い直すかもしれません。こうした状況で他の証言者が嘘をつくとは思わないでしょうから、疑う理由が特になければ、もう一人の証言の方がより正確だろうと考えやすいものです。しかし、あなたの記憶が正しかった場合、前述した交通事故の映像実験と同様に、目撃後に与えられた情報によって記憶が実際とは違う方向に誘導されたことになります。これを「誤導情報効果」と言います。

　人は自分の目で確かに見たことであっても、さまざまな要因によって記憶が歪められることがあるので、必ずしも正しい記憶を保持し続けているとは限らないのです。

### 覚えておきたいターム
☑目撃者証言　☑ロフタス,E.F.　☑誤導情報効果

## 目撃した出来事を正確に記憶できているか

# 027

## メタ認知

解説

メタ認知とは、自分が物事を認知している状態を認知しようとすることです。つまり、**自分自身の思考や行動を客観的に観察し把握すること**を意味します。現在進行中の自分の思考や行動そのものを対象化してモニタリングすることにより、自分自身の認知活動を把握する能力を「メタ認知能力」と言います。

メタ認知能力を高めることで、客観的かつ冷静な判断能力が高まり、その判断が行動に結びつくので、この能力は問題解決、課題達成に必要な計画立案や方略の設定といったプランニング、またセルフコントロールなどに不可欠な要素と言えます。そのため、多くの教育現場において、メタ認知能力の育成が重要課題の１つとされています。また、近年はビジネススキルとしてもメタ認知能力が非常に注目されています。

### ワンポイントレッスン

学習場面においては、学習課題に取り組む方法の計画、課題の捉え方や考え方などの評価、行動のコントロールなどが、メタ認知的な特徴を持つスキルになります。したがって、メタ認知能力を生かすことで、勉強の効率をより高めることができます。自分は文章だけで理解するのが苦手だと評価した場合は、図やイラストを交えて

ノートにまとめてみる、自分が間違えやすい傾向にある箇所は時間を置いて繰り返し解いてみるといったことです。メタ認知を働かせることで、自分にとっての学習の障壁を事前に察知して対処し、学習方法を修正できるようになり、目標を達成しやすくなるのです。

また、仕事面でもメタ認知を活用することができます。例えば、実務仕事でうっかりミスが多い人がいるとします。その人が自らの特徴を自覚することができていれば、書類のチェックをより入念に行うようになるでしょう。その結果ミスが少なくなり、精度の高い事務処理ができるようになります。つまり、メタ認知を働かせることで、なぜそのような誤りを犯してしまうのかを客観的に理解し、その状況を回避するためにはどうすべきかまで考えて行動をコントロールできるようになるのです。

ただし、新生児や乳児にはメタ認知能力が備わっていないと考えられています。メタ認知能力は言語能力との結びつきが強いため、言語能力が未発達の段階ではメタ認知能力を身につけることが難しいのです。5、6歳頃から、いくつかのメタ認知的機能について成人と同様の能力を有していることが明らかにされています。子どものメタ認知能力を向上させるには、親や教師といった周りの大人の協力が不可欠です。仮に子どもが勉強やスポーツでつまずくことがあったら、結果だけで判断するのではなく、その過程に目を向けて、「どこでつまずいたのか」や「なぜつまずいたのか」を子どもにあえて考えるように促してみるのもいいでしょう。自身を振り返ることで、メタ認知能力が伸びていき、より効率的でミスの少ない方法とは何かを考えて行動できるようになっていきます。

これまで無意識に考えていたこと、行動していたことにあえて意識を向けてみることがメタ認知を鍛える第一歩です。自分が苦手なこと、できないことから目を背けずに向き合ってみることも時には大切でしょう。こうした自己分析は自ら行うことも有効ですが、考え方が大きく偏っている場合や、自分の力だけではうまくメタ認知ができない場合には、認知療法としてカウンセラーに客観的なアドバイスを受けながら行うことも有効です。例えば、対人関係でよくトラブルを起こす場合、その一因は極端な考え方をしがちな点にあるようだと客観的に指摘してもらうことで、メタ認知が促進され、対人トラブルの減少につなげられることもあります。

**覚えておきたいターム**
☑モニタリング　　☑メタ認知能力　　☑プランニング
☑セルフコントロール

---

## 無意識の考えや行動に意識を向けてみる

# Chap.3 学 習

## 経験を通して学ぶ仕組みを知る

# 028
## 古典的条件づけ

**解説**

　古典的条件づけは、**自然に生じる無条件反応を、もともとは関係がなかった特定の刺激に対する反応として生成させる手続き**です。犬はエサを見るとよだれを出しますが、この反応を「無条件反応」と言い、エサを「無条件刺激」と言います。そこで、パヴロフ,I.P. はこの反応を利用し、犬にベルを鳴らしてからエサを提示する過程を繰り返し行いました。すると、ベルが鳴るとエサが与えられると学習した犬は、ベルの音を聞くだけでよだれを出すようになりました。つまり、それまでとはまったく異なる刺激によって、生理的反応が引き出されるようになったのです。エサがなくとも生じるようになったこの唾液分泌は「条件反応」、もともとは関係がなく中立的な刺激であったベルは、条件反応を引き出すものとして、「条件刺激」と呼ばれます。

　行動主義心理学の先駆者ワトソン,J.B. は古典的条件づけを用いて、人間が感じる恐怖のメカニズムを解明しようと試みました。まだ生後11ヶ月であるアルバート坊やを対象に、恐怖の条件づけを行いました。坊やが興味をもった白ネズミに手を伸ばそうとしたときに、大きな音を提示して驚かせます。この過程を繰り返すと、そのうち坊やは白ネズミを見ただけで泣くという条件づけが成立しました。さらには白いうさぎや毛皮などを見るだけでも泣くようになったのです。

### ワンポイントレッスン

　古典的条件づけは我々の日常生活においても展開されています。あなたが初めて食べた物で体調を崩したり、不快感を覚えたりしたとします。その際に、もうその食べ物は口にしたくないと思うこともあるでしょう。味覚に対する条件づけは、他の光や音などと比べても強力で、たった一度の体験でも、「この食べ物はもう二度と食べたくない」という学習が成り立ってしまうのです。これを「味覚嫌悪条件づけ」、もしくは「ガルシア効果」と呼び、偏食や好き嫌いの原因となります。

　一方、嫌悪条件づけの原理が臨床現場で用いられているケースもあります。過度な飲酒や喫煙、薬物使用などの不適応行動と不快刺激を繰り返し一緒に提示することで、好ましくない行動を抑制・除去する嫌悪療法と呼ばれる技法です。アルコール依存症者にアルコールを分解するための酵素の働きを阻害する役割を持つ抗酒薬を服用させることで、飲酒後に、頭痛、悪心、吐き気などを生じさせ、アルコールに対するネガティブなイメージを定着させます。すると、「飲んでも気持ち悪くなるからやめよう」と飲酒を断念していくことがあります。このように、古典的条件づけの原理は、臨床の現場でも不適応行動の修正や除去に生かされているのです。

### 覚えておきたいターム
- パヴロフ,I.P.
- 無条件反応／条件反応
- 無条件刺激／条件刺激
- ワトソン,J.B.
- 味覚嫌悪条件づけ

## 身体が勝手に反応する

# 029
## オペラント条件づけ

**解説**

　オペラント条件づけは、スキナー,B.F. によって提唱された**対象者の自発的な行動の増大、もしくは低減を目標として行われる手続**きのことです。対象者が取った行動に賞罰を伴わせることにより、行動の発生頻度を変容させます。その際、古典的条件づけとは異なり、生得的には備わっていないような行動が学習されます。

　代表例の１つとしてスキナー箱が挙げられます。ネズミが入れられた箱には仕掛けがあり、レバーを押すとエサが放出されるようになっています。通常の生活において、ネズミはエサを得るためにレバーを踏んだりはしませんが、何らかの拍子にレバーを踏んだ際にエサが手に入り、その過程を繰り返し経験すると、レバーを押すとエサが出てくるのだと学習します。そして最終的には、ネズミはエサを得るためにレバーを押すようになります。　その応用で、レバーを押すことで電気ショックが止まるといった場合にもレバー押しの頻度は高くなります。つまり、報酬を与えられたり、不快な刺激が取り除かれると、そのきっかけとなった行動頻度は高まり、一方で報酬が省略されたり、罰が与えられたりすると、その行動頻度は減っていきます。オペラント条件づけで獲得した行動には、出現した行動に対して賞罰のフィードバックを与えることが欠かせません。さらに、スキナーは、**動物にも人間にも共通して、罰を与えるより何らかの褒美を与えた方が、学習効果がより高まる**としています。

## ワンポイントレッスン

　オペラント条件づけの原理は、動作や運転などの技能訓練、嗜癖や不適応行動の改善、障害児の療育プログラム、身体的・社会的リハビリテーションなど、幅広い領域で応用されています。

　また、その原理は人間同士のやりとりだけでなく、動物に対しても無意識のうちに行われています。飼育している犬のしつけを行うとき、期待通りの行動を取ることができたら撫でてやったり、エサを与えたりします。犬はある特定の行動を取ることで、そうした褒美がもらえると学習し、その行動の生起頻度を上げていきます。動物園やサーカスでショーを行う動物に対しても同様のことが行われています。また、その際に、目標行動を段階的に設定することが望ましいとされており、その手法を「スモールステップ」と言います。

　発達障害の子どもたちに向けた支援方法として「ペアレントトレーニング」というものがあります。これもオペラント条件づけを基盤としており、対象者が不適切な行動を取った場合には無視し、何か望ましいことを行った場合には褒める、というやりとりを保護者と子どもとで繰り返すことで、不適応行動の発生頻度を低減させるものです。対人関係を保ちながら無理なく行うことができるため、療育技法として用いられています。

### 覚えておきたいターム
☑スキナー,B.F.　☑スキナー箱　☑スモールステップ
☑ペアレントトレーニング

> # 褒美や罰は学習効果を高めるのか？

# 030
## 強化・消去

**解説**

　強化とは**ある特定の行動の生起頻度を高めるために刺激を提示すること**を意味します。例えば、オペラント条件づけにおいて、スキナー箱に入れられたネズミは、エサを得るためにレバーを押すという行動を獲得しましたが、その際、エサはレバーを踏むたびに放出されました。これを「連続強化」と呼び、行動が生起したときに必ず強化することを言います。そして、どのような頻度で強化を行うかといった規則を「強化スケジュール」と言い、大きく分けて、連続強化スケジュールと部分強化スケジュールの2つがあります。

　先の例のように、強化を毎回行うことを連続強化と呼ぶのに対し、何回かに一度だけ強化することを「部分強化」と言います。部分強化には4種類あり、強化する間隔や回数によって分けられます。まず、時間間隔を基盤に、一定の時間が経つと強化される場合を「定間隔強化」、間隔が毎度変動する場合を「変間隔強化」と言います。次に、反応回数を基盤に、5回中1回のみの行動を強化するなどといった場合には「定率強化」、回数が毎度変動する場合を「変率強化」と言います。

　逆に行動に対して強化の提示をやめることを「消去」と言い、一度獲得された行動でも、強化が行われなくなると、徐々に生起頻度も減っていきます。ただし、行動はすぐに消去されるのではなく、ある程度の時間や回数を経る必要があります。その際、**連続強化さ**

れた場合より、部分強化によって形成された行動の方が消去されにくいと言われています。

## ワンポイントレッスン

　一般的に学習というと、学校で何かを習うことや、資格のために勉強したりすることが思い浮かびますが、強化と消去は日常的に起きています。例えば、あなたが学校や職場、近所の人に挨拶をするとします。相手からも返事が戻ってくれば挨拶をする頻度は高くなるでしょう。まさに、挨拶をするという行動が強化されたことになります。一方で、返事が戻って来なかったり、迷惑そうな素振りをされたりしたら、その行動は徐々に減っていきます。つまり、消去が行われているわけです。

　また、パチンコや競馬といったギャンブルは強い依存性が認められますが、それは部分強化に当たるからです。毎回勝てるゲームというのは、最初のうちは気分がいいと感じるかもしれませんが、次第に面白みがなくなってしまうものです。ギャンブルのように、いつも勝てるわけではないが、たまに勝つという経験をすると、今回は負けたが次は勝てるかもしれないと思えてしまい、ギャンブルから抜け出せなくなるのです。

### 覚えておきたいターム
☑オペラント条件づけ　　☑連続強化　　☑強化スケジュール　　☑部分強化

## たまに与えられる刺激の方がハマりやすい

# 031
## 般化

**解説**

般化(はんか)とは、**ある刺激に対して条件づけされた反応が、類似した別の刺激においても生じるようになること**です。ワトソン,J.B.がアルバート坊やに対して古典的条件づけの実験を行いましたが、その際、坊やが白ネズミに対して抱いた恐怖は、白うさぎや毛皮などに対しても生じるようになっていました。**条件づけられた刺激に似ている度合いが高いほど、般化は起こりやすく、また、似ている度合いが低いほど、般化は起こりにくい、または弱くなる**ということがわかっています。生理的な無条件反射を応用した古典的条件づけでも、報酬と罰を応用したオペラント条件づけでも般化は見られます。オペラント条件づけにおける般化の例としては、学校の宿題をして褒められると今度は塾の宿題も頑張ろう、という気持ちになるといったことが挙げられるでしょう。

般化と合わせて覚えておきたいものに、「弁別(分化)」があります。これは、般化とは反対に、類似した刺激の中から、ある特定の刺激だけに反応するようになることです。仮に、アルバート坊やの実験において、白ネズミに対しては恐怖を与え、白うさぎに対しては何も刺激を与えずにいると、白うさぎには恐怖反応を示さなくなるでしょう。人は、弁別と般化を繰り返すことで、日常生活において、より適応的な行動を獲得していくと考えられています。

## ワンポイントレッスン

　般化される行動や反応には、適応的な行動もあれば非適応的、つまり病的な行動もあります。したがって、精神疾患の症状が形成される仕組みについて、般化の概念を用いて説明できるものもあります。例えばパニック障害では、電車の中でパニック発作を一度起こして発作にまつわる不安を感じると、別の日に電車やバスに乗っていても、同じようなパニック発作を起こすのではないかという予期不安が起こりやすくなるとされています。この予期不安の形成も条件づけの般化の1つであると捉えることができます。

　恐怖症や不安障害を持つ人の場合も、同様に般化が起こることが多々あります。例えば、犬に追いかけられて怖い思いをした人が、後日に犬以外の動物も怖がるようになったり、何かが走るような音を聞くだけでも怖がるようになったりします。もともと持っていた恐怖・不安の対象が、それ以外の似た対象にも拡張されることがあるのです。この時にも学習や条件反射による般化が起こっていると考えられます。

### 覚えておきたいターム

☑古典的条件づけ　　☑アルバート坊やの実験　　☑オペラント条件づけ
☑弁別

身についた反応は他のことにも拡がる

# 032
## 馴化

### 解説

　動物や人間に触ったりして刺激を与えると、振り返るなどその刺激に反応した行動が生じますが、こうした**刺激を強化することなく繰り返し提示すると、反応が減少していくこと**がわかっています。この一連の流れは馴化（じゅんか）と呼ばれ、聞きなれた言葉で「慣れ」とほぼ同義であると言えます。

　馴化の特徴として、刺激が十分な長さで提示されていないと、反応がすぐに回復してしまうことが挙げられます。また、刺激が提示される頻度が高いほど、すぐに馴化が生じ、一方で刺激の強度が大きいほど、馴化は遅くなります。花火大会では、花火が次々と打ち上げられるために、その音や明るさに素早く慣れていきますが、それが数時間置きに不規則に打ち上げられた場合、多くの人は再び驚かされることになるでしょう。

　馴化が生じた後も、それとは異なる新たな刺激が与えられると、再び反応は生じます。こうした現象を脱馴化と呼び、その際に提示される刺激は、それ以前には提示されていなかったものとなります。

### ワンポイントレッスン

　目新しい刺激に対する反応は、生まれて間もない認知機能の指標として用いられるようになってきています。馴化−脱馴化法は乳児

の知覚や認知を研究する方法であり、好奇心の強さを利用します。乳児は好奇心が強く、常に刺激を探し求める傾向にあります。そこで、同じ刺激を繰り返し提示すると、馴化によってほとんど反応をしなくなります。つまり、最初のうちは刺激となる対象を長く注視しますが、回数を重ねるにつれて注視時間が短くなるのです。一方、新しい刺激が与えられると、脱馴化により反応が回復します。このことから、乳児がそれぞれの刺激を区別して理解していることがわかります。

　乳児の発達の有名な研究の1つがファンツ,R.L.の選好注視法です。選好注視法とは、乳児の知覚や認知を研究する際の方法で、乳児が適度な刺激変化に敏感に反応し、変化のある刺激に視線や頭を向けるという「定位反応」の傾向を利用する方法です。乳児は、単なるグレーの図形よりも、縦線模様のついた図形の方をより好んで注視する傾向が示唆されています。こうした研究から、子どもは積極的に外界の刺激に反応し、学習し成長していく存在であることがわかっています。

**覚えておきたいターム**
☑脱馴化　☑ファンツ,R.L.　☑選好注視法　☑定位反応

## 慣れると反応が鈍くなる

# 033

## 転移

　学習における転移は、**前に学習したことが、その後の学習にも影響を及ぼすこと**を言います。前の学習が後の学習を促進する場合には「正の転移」、妨害するような場合には「負の転移」と呼ばれます。サッカー経験者がフットサルを始めたときに比較的早く上達できることは正の転移と言えるでしょう。一方で、クラシックバレエ経験者がヒップホップを上手く踊れないような場合は負の転移が生じていると言えます。

　学習の転移を確かめるものとして、鏡映描写という実験があります。用紙に描かれた星形のコースを被験者は鉛筆でたどりますが、その際、鏡に映った用紙を見ながら作業を行います。このような不慣れな状況下で、コースから外れることなく線を書くのは時間を要します。しかし、まず利き手で作業した後に、もう片方の手で同様のことを行うと、片側の手から反対側の手に作業経験が転移する両側性転移が生じ、初めて作業をする側の手でも課題の成績が比較的良いということがわかっています。多くの場合、何か作業をする際には**類似の作業で練習した経験がある方が、その後の作業がスムーズになる**と考えられます。

## ワンポイントレッスン

　転移には、学習に対する姿勢、学習者の能力、練習量、学習間の時間間隔などが影響すると言われています。基礎となる学習を深く理解できていればいるほど、その知識は他の事象においても生かせるようになります。

　例えば、学校で身につける知識の中には、「日本の初代首相は伊藤博文である」といった事実に関する知識のほか、「森に木を植えると、海の環境が整えられる」といった、ある一定の過程をたどって確立された知識があります。後者においては、生徒自ら発見者の道のりをたどる、発見学習という手法を用いることができ、解決へ向けて試行錯誤しながら、知識に対する理解を深めていくことができます。学習における転移を促す条件として、知識の基盤を理解すること、領域固有の知識だけでなくより抽象的な知識を得ること、が挙げられるため、こうした発見学習は他の分野への応用のためには重要な過程となるのです。

　学校で身につけた知識は、いずれも実生活における活用が期待されますが、そのためには、教科書に書かれている内容を暗記するだけでなく、身をもって法則を確認するなど、工夫したり、積極的に学習することが欠かせないのです。

### 覚えておきたいターム
☑正の転移・負の転移　　☑鏡映描写　　☑両側性転移　　☑発見学習

> ## すべての学習は積み重ねられていく

脳・感覚・知覚

認知

**学習**

社会

発達

自己

臨床

調査・統計解析

# 034
## 潜在学習

**解説**

　潜在学習とは、一見学習されているように見えないものの、**潜在的には学習が進んでいるという現象**を意味します。有名な実験の1つに、トールマン,E.C. とホンジック,C.H. によるネズミの迷路学習があります。ネズミに迷路を課し、脱出後に報酬の与えられる群と何も与えられない群とに分けておきます。通常、オペラント条件づけにおいて学習が成立するためには報酬が必要となるため、報酬の与えられない群では学習は成り立たないことが想定されます。実際に、報酬のないネズミは迷路にうろうろと迷い込む様子が見られます。しかし、このネズミに対して、実験10日目から突如報酬を与えるようにすると、誤りは急速に減り、すぐに報酬が与えられていた群と同じ学習レベルにまで到達したのです。つまり、報酬が与えられていなかった間も、内面での学習が進んでいたということになります。

　ネズミの迷路学習において、ネズミに練習と本番とで異なる迷路課題を与えると、課題は遂行されるのでしょうか。こうした場合にも、ネズミはゴールにたどり着くことができます。トールマンは、ネズミが、潜在学習に加え、認知地図という認知面でのイメージを獲得したと考えました。実際の地図とは異なるものの、似通った空間イメージであるこの認知地図を用いて、迷路内の空間関係を把握

したのです。人間においても認知地図は存在しており、実際の地図では斜めの通りが直線として描かれるなどといった誤差はあるものの、その地図を手掛かりに主観的な目印や経路に基づいて行動しているのです。

## ワンポイントレッスン

　健忘症という過去の出来事を思い出せなくなったり、新しいことを覚えられなくなったりする記憶障害がありますが、潜在学習に関しては、正常者と変わらずに機能すると言われています。過去の経験を意識的に思い出さなければならない顕在学習と比較し、潜在学習は無意識のままに判断を下したりします。洋服を選ぶ際に、自分の好きな色を選ぶだけでなく、過去に他者から「その色、よく似合っているね」などと言われたことが決め手となっていることがあります。しかし、その際のエピソードを、買い物中にあえて思い出すことは少ないでしょう。つまり、過去の経験が潜在学習によって記憶に残っており、色の判断に一役を買ったと言えるのです。

### 覚えておきたいターム
☑トールマン,E.C.　☑ホンジック,C.H.　☑オペラント条件づけ
☑認知地図　☑顕在学習

### 内面で進む目に見えない学習

# 035
## 試行錯誤

**解説**

　心理学における試行錯誤とは、**さまざまな試みや工夫を繰り返して、成功を導く解決策を見出すこと**を意味します。試行錯誤の実験として、ソーンダイク,E.L. による「ネコの問題箱」がありますが、これはネコが箱から脱出する様子を観察したものです。はじめ、ネコはそれまでの経験に基づいたさまざまな行動を試みますが、新奇の環境に対してなかなか作用せず、偶然脱出に成功します。しかし、試行を数回繰り返すうちに失敗が減り、すぐに脱出できるようになります。つまり、数々の行動を試みた結果、成功へとつながる行動のみを選択できるようになったのです。

　動物は問題解決をするにあたり、はじめは手あたり次第の方法を試しますが、徐々に方向性を持った一定の反応をするように変わっていきます。試行錯誤の行動は、与えられた課題が生体にとって難しく、解決へ向けての糸口が直接見つけられないような場合に生じます。そのため、発達レベルの低い生体ほど、試行錯誤による解決方法を取ることになります。生体の発達レベルが進むにつれて、事前に仮説を立て、それを都度検証しつつ、問題解決を試みるようになります。人間と非常に近いＤＮＡ塩基配列を持つチンパンジーは、天井から高い位置に吊るされたバナナを手に入れるために、近くにある踏み台を使ったり、２本の棒をつなぎ合わせるなど、道具を活用することがわかっています。

　ソーンダイクは、試行錯誤学習を成立させる要因として、「効果の法則」を説明しています。その法則によると、自分に快感などのプラスの感情がもたらされたときの反応と状況は強く結びつけられ、一方で、不快感がもたらされたときの反応と状況は結合が弱まります。

### ワンポイントレッスン

　試行錯誤学習は、社会人にとっても重要なステップとなり得ます。厚生労働省による、ある生産性向上のガイドラインの中には、「とにかくまずはやってみる」という姿勢を推奨しているものもあります。最終目標のみを1つ掲げて取り組むのではなく、小さな目標達成に向けて、繰り返し試行錯誤しながら、周りからの支援を受けることで、目標へと近づいていきます。また、目標達成や成功について周知することで、他のスタッフにおいても新たな業務に取り組む心理的なハードルが下がったり、本人にとっても短期間のうちに達成感を得やすくなるとされています。

覚えておきたいターム
☑ソーンダイク,E.L.　☑ネコの問題箱　☑効果の法則

試みと工夫を繰り返すことで
問題は解決される

# 036

## 洞察

### 解説

　洞察とは、ゲシュタルト心理学者のケーラー,W. が発見し、提唱した概念です。チンパンジーが手の届かない場所にあるバナナを取る際に、いくつかの踏み台を重ね、手に入れる様子を観察し、ケーラーはその学習を洞察によるものであると述べました。洞察は、偶然に成功する試行錯誤学習とは異なり、**生体がその場全体の状況を把握し、見通しを立て、行動すること**を意味します。洞察を通して、状況や過去の経験などといったさまざまな情報を統合することにより、一気に解決へと向かうことがあります。

　試行錯誤学習では失敗と成功とが繰り返されるため、学習過程に連続性が認められる一方で、洞察学習は突然のひらめきとして学習されるため、突如現れる非連続的な問題解決方略であるとも言えます。

　一般的に、洞察によって解決される問題はそう困難なものではないことがわかっています。一度答えを知ると、解決方法に気づかなかったことに驚き、次に同じような場面に遭遇すると、同様の行動をすぐに取ることができるという特徴があります。

## ワンポイントレッスン

　近年メディアで取り上げられることが増えたアハ体験は、ひらめきや創造性で答えに瞬時に導かれ、「あぁ、わかった！」という快感を伴う発見を意味しますが、まさに洞察によって導かれた経験であると言えます。

　洞察を用いた問題解決法においては、過去に経験した手法などを当てはめることが有効ではないため、新しい反応様式や方法を創造する「生産的思考」が基盤となります。未知の道具を与えられたチンパンジーが、それらを上手く利用することで問題解決に至るといった状況とも深く関係しています。

　過去に経験した既知の習慣や解法に基づく考え方は「再生的思考」と呼ばれます。人は慣れた考え方や行動を取る方が安心する傾向にあり、問題解決の際にもそうした行動が反映されやすいものです。そのせいで問題解決がうまくいかなくなる傾向は「機能的固着」と呼ばれており、元々持っている知識などによってひらめきや創造性が阻害され、問題解決の方法を習慣的なものに限定してしまうのです。重役が何度会議を開いても解決しない会社の問題を、従来の手法にとらわれない若手社員の洞察が一気に解決するということがあり得るのは、機能的固着に起因するのかもしれません。

### 覚えておきたいターム
☑ケーラー,W.　　☑試行錯誤　　☑生産的思考　　☑再生的思考
☑機能的固着

## 突然のひらめきが道をひらくこともある

# 037
## 言語獲得装置

### 解説

　チョムスキー, N. は、**人間には生まれながらにして、文法を発生させる装置**である言語獲得装置が備わっていると説きました。それ以前の研究者たちは、文の理解は単語同士を組み合わせて行われる連合学習や強化学習により得られると考えていましたが、彼は会話文などから文法は抽出されるものであると考えたのです。

　世界には多様な言語が存在し、各言語における文法は異なりますが、幼児は日常的に触れることの多い、主に母国語の構文についてのルールを自然と獲得します。その際、会話から文章をただ羅列したまま暗記するのではなく、言語獲得装置を用いて、会話文から文法を抽出、さらには自ら生み出すことをします。初めて耳にする内容であっても、それが文法的に正しいかどうか、すぐに判断することも可能になります。この能力は人類のこれまでの進化の中で獲得されたものであると考えられていますが、適切に発揮されるためには、多くの経験と学習が必要になります。

　言語獲得装置の基盤となるものとして「普遍文法」と呼ばれるものがありますが、これは各国の言語に共通の文法理論であり、言語能力の核となるものです。乳児は一般的に10ヶ月頃から他者の言葉を理解できるようになり始めるとされていますが、母国語でなくとも、ある言語にさらされ続けると、その言葉を習得することがわ

かっています。英語ばかりが話される環境で育った赤ん坊は、たとえ日本人であったとしても、英語を話すようになります。したがって、普遍文法は、赤ん坊の能力の範囲内において対応できるほどに普遍的な性質を持つものであると言えます。

## ワンポイントレッスン

　ブルーナー,J. は言語獲得支持システムを提唱し、言語獲得の前提として、親や仲間、他者との相互作用が欠かせないと述べました。言語獲得装置の働きによって話し言葉が自然に降り注ぐように出るのではなく、乳児が環境とのやりとりを行うことで、初めて装置が作動するようになるということです。

　また、大人が子どもと行う言語コミュニケーションは大人同士で行われるものと質的に異なっており、言語獲得を容易にする特徴があるとしました。身近な例が「いないいないばあ」です。乳児をあやす際などに頻繁に用いられるこの手法ですが、遊びのルールの理解や発話の意味付けを含み、言語獲得への第一歩として位置づけられています

### 覚えておきたいターム
☑チョムスキー,N.　☑普遍文法　☑ブルーナー,J.
☑言語獲得支持システム

> # 人には生まれつき言語理解能力が備わっている

# 038
## 学習性無力感

**解説**

学習性無力感とは、**自分では環境を統制不能と感じるあきらめや無力感**のことです。何をしても状況が良くならないという状況を繰り返し経験することで生じ、この状態になるとその後の学習もスムーズに形成されないことがわかっています。

セリグマン,M.E.P. は、犬のいる部屋の床に電気ショックを流し、すぐに回避できるように、隣の部屋を用意しておきました。その状態では、犬は電気ショックを感じるや否やすぐに移動し、回避することができました。次に犬を縄で固定し、ショックを受けている間避難することのできない環境を作ります。すると、縄をほどき、再び移動可能な状態に戻しても、今度は電気ショックを受け続けたまま、身動きを取ることをしなくなったのです。この実験過程から、犬は自らの行動によって電気ショックを止めることはできないということを学習したと考えられます。いわば、何かするのをあきらめることを覚え、無気力になってしまったということです。

セリグマンは、この実験のような現象は動物だけでなく人間においても確認されるとし、学習された無力感は、抑うつや無気力、動機づけの低下につながると説明しました。過去に、どうしても自らの力で制御することのできなかった負の出来事や状況に置かれた経験が、その原因にあるとして、学習性無力感理論を唱えました。人

間の場合には個体差がかなりあると言われていて、そうしたストレス状況を捉える認知的枠組みや、その後の予測をどのように立てるかなども学習性無力感の発生に関係しています。

## ワンポイントレッスン

　学習性無力感は日常においても生じることの多い現象です。例えば、一度数学でつまずいたことのある人は、たまたま微積分という分野だけが苦手だったとしても、数列や確率といった他の数学分野においても上手くこなせる自信がなくなってしまうことがあります。会社でも必要以上に上司に叱られてばかりだと、実際に能力はあっても仕事に対して無力感を抱くようになることもあるでしょう。

　また、動機づけ理論においても、学習性無力感と関わりのある状況が挙げられます。自らの意志で参加しているボランティア活動で、ある時たまたま報酬がもらえた場合、その後は報酬がもらえないと以前のようにはやる気が出なくなってしまうことがあります。自発的にしていた行動でも報酬を受けることで、動機づけが外部によってコントロールされているという認識が成り立ち、結果的に動機を自分でコントロールできなくなってしまうという、受動的で無気力の状態を味わうことになるのです。

### 覚えておきたいターム
☑統制不能　☑セリグマン,M.E.P.　☑動機づけ　☑認知的枠組み

> どうすることもできない状況が続くと
> あきらめの状態に陥る

# 039
## 応用行動分析

**解説**

　ラットや犬などを用いた動物実験やヒトを対象とした心理学的実験により、人間の行動を明らかにしようとするものを「実験的行動分析」と呼ぶのに対し、**そうした実験から解明されたものを人間の行動の分析や変容へ生かしていくものを応用行動分析と呼びます。**スキナー,B.F. によるオペラント条件づけは、対象の自発的な行動に報酬や罰を与えることで、行動の出現頻度を増やすことができますが、応用行動分析が発展してきた背景となる手法と言えます。

　応用行動分析は学校や企業などでも採用されている他、精神疾患や発達障害の患者に対する臨床実践の技法としても取り入れられています。多くの場合、人間の不適応行動は周囲の環境やその時々の状況に影響を受けており、不適応行動を適応行動へと導くためには、行動変容に向けたプログラムを立てる必要があります。つまり、適応行動へは報酬を与え、不適応行動に関しては罰を与える、もしくは反応しない、といった方法で不適応行動を消去するといった手続きを設定するのです。こうした行動面へのアプローチに加えて、環境と個人の相互作用から対象者を理解し、周囲の人間の態度などを含む環境を変化させることにより、行動変容を狙います。

　行動の変容にあたっては、ターゲットとなる行動が、どういった状況下で（先行条件：Antecedent）、どのような行動・反応が起き

(行動：Behavior)、その結果どのように環境が変化するのか（結果：Consequence）という３つの項目の分析が重視されます。これを「三項随伴性」と言い、三項随伴性の分析をこれらの頭文字をとって「ＡＢＣ分析」と呼ぶこともあります。その際、対象者の行動を中心に捉え、先行条件にあたる環境や結果を操作することで、適応行動の維持や不適応行動の消去を図ります。

## ワンポイントレッスン

子どもたちが不適応行動、つまり問題行動を取るのには、必ず原因があると考えられています。問題行動を受け止める大人にも、問題行動を維持させるきっかけが潜んでいる可能性があります。例えば、子どもが「おもちゃが欲しい」と騒ぎ立てているところに、「ダメ！」という言葉を投げかけると、ますますヒートアップしてしまうというケースがあります。これは、騒ぐことで構ってもらえた、という経験から一連の流れが強化されており、解決のためには周囲が反応することをやめたり、他の事柄に気をそらしたりするなどといった対処法が挙げられます。

また、応用行動分析は、発達障害の支援においても非常に有効であることがわかっています。例えば自閉症スペクトラム障害においては、社会的コミュニケーションや想像力などで困難が生じやすいですが、そうした人たちにとって対話を通したやりとりは上手く機能しない場合があります。一方で、応用行動分析のような行動面に特化した働きかけは、彼らにとって馴染みやすいものとなります。具体的な手法としては「トークンエコノミー法」「タイムアウト法」などが挙げられます。トークンエコノミー法では、対象者が望まし

い行動を取った際に、代用貨幣であるトークンを与え、それら数枚を魅力的な品物と交換させることで、適応行動を強化していきます。タイムアウト法は、暴力的な行動などの不適応行動に対し、そうした行動を取った児童を別室に連れてゆき、冷静になる時間を持たせるといったものです。こうした働きかけは臨床的介入を必要とする人だけでなく、それ以外の人や子どもに対しても適用可能であり、またペットのしつけなどにも有効に働くことがあります。

---

**ＡＢＣ分析**

ＡＢＣ分析を、おもちゃが欲しくて駄々をこねる子どもの例に当てはめると、おもちゃを見つけて（Ａ）騒ぐこと（Ｂ）に対して構うこと（Ｃ）が、問題行動の強化につながっている、ということを理解することが考えられます。何が行動のきっかけとなり、その行動を強化しているか、具体的に観察して記録していくことで適切な介入方法が見えてきます。

---

**覚えておきたいターム**

☑実験的行動分析　　☑スキナー,B.F.　　☑オペラント条件づけ
☑三項随伴性　　☑トークンエコノミー法　　☑タイムアウト法

---

その問題行動はなぜ起きて、なぜ続くのか

# Chap.4 社 会

人を動かすメカニズムを知る

# 040

## 葛藤

**解説**

　強さが同じくらいの２つ以上の欲求が存在するとき、どちらも選ぶことができずに、身動きが取れなくなることがあります。こうした状態は葛藤と呼ばれ、日常においても広く認められる概念の１つです。提唱者であるレヴィン,K.は、葛藤の原点は場の理論にあるとしました。場は生活空間とも呼ばれ、個人やその個人の持つ知識や動機、周りの環境や他者との相互作用によって成り立ちます。そして、個人の行動決定は、個人の思いのままになされるのではなく、生活空間によって規定されると考えられています。

　レヴィンは葛藤を以下の３種類に分類しました。１つ目は「接近＝接近の葛藤」です。これはどちらにも近づきたい欲求の場合であり、食後のデザートをチーズケーキにしようか、ショートケーキにしようか迷っている状況が該当します。２つ目は「回避＝回避の葛藤」です。これは２つの欲求がどちらも避けたい内容である場合であり、楽器の練習をするのも面倒くさいが、発表会で上手く弾けないのも嫌だといった状況です。３つ目は「接近＝回避の葛藤」です。これは１つの対象に対して、近づきたい気持ちと避けたい気持ちが混在している状況を指し、例えば、ケーキは食べたいけれど太りたくないといった状況を指します。

## ワンポイントレッスン

　接近＝回避の葛藤に関して、ホーナー,M.S. は特に女性における成功不安を指摘しました。女性が大きな成功を収めることは、社会が求める性役割から外れており、かえって拒絶されるのではないかという不安が生じるというものです。その結果、達成動機は抑制されてしまうことがあります。しかし、現代においてこの概念は女性に限定されるものではなく、男性においても、一人勝ちすることで人間関係が円滑に進まないのではないかといった懸念が生じることがわかっています。

　では、もし葛藤が生じた場合に、どのように対処すればよいのでしょうか。人は、何らかの方法により葛藤を解決したり、もしくは逃れようとしたりします。楽器の例で対処法を挙げると、楽器の練習もしたくないし発表会で恥もかきたくないので、楽器自体を辞めてしまって、葛藤が生じる場面自体を避けるといったやり方もあるでしょう。または、面倒でも練習を続けることで上達する楽しみがあるというように、葛藤の対象に対する認知を変えて対処する方法もあるでしょう。

### 覚えておきたいターム
☑レヴィン,K.　　☑場の理論　　☑接近＝接近の葛藤　　☑回避＝回避の葛藤
☑接近＝回避の葛藤　　☑成功不安

---

## どの欲求を満たすべきなのか

---

脳・感覚・知覚

認知

学習

社会

発達

自己

臨床

測定・統計解析

# 041
## 社会的ジレンマ

**解説**

　社会的ジレンマとは、**集団において見られる相互依存的な葛藤状態**を意味します。その特徴として、集団の構成員の個人の利益が社会全体や集団にとっての利益と衝突し、個人的利益を追求した結果、社会全体が立ち行かない状況へと導かれることが挙げられます。つまり、**個人的利益と社会的利益の追求が同時には実現できない状態にある**ということです。

　有名な「囚人のジレンマ・ゲーム」も社会的ジレンマと同様の構造を持ちます。囚人AとBはある事件の共犯者であると目されていました。警察は確証がないので、自白を引き出そうとします。そこで、2人に次の内容を説明しました。「お前が自白して向こうが黙秘を続けたら、お前の罪は見逃してやろう。しかし、向こうを8年の刑にする」「お前も向こうも自白したら、2人とも5年の刑にする」「お前も向こうも黙秘し続けたら、2人とも刑期は2年にする」「もしお前が黙秘して向こうが自白したら、向こうの罪は見逃すが、お前は8年の刑だ」。囚人ら2人にとっては、黙秘し合って懲役2年となるのが総合的には望ましい結果です。しかし、実験をしてみると、相手が自白した場合でも黙秘した場合でも、自分が自白した方が罪は軽くなると考え、双方とも自白しました。その結果、懲役5年を受けることになるのです。互いに個人的利益のみを追求したせいで、両者にとっては望ましくない結果を招いたことになります。

## 囚人のジレンマ・ゲーム

| | | 囚人B | |
|---|---|---|---|
| | | 自白 | 黙秘 |
| 囚人A | 自白 | 懲役5年 | 囚人A　無罪<br>囚人B　懲役8年 |
| | 黙秘 | 囚人A　懲役8年<br>囚人B　無罪 | 懲役2年 |

### ワンポイントレッスン

　社会的ジレンマの身近な例としては、フリーライダー、いわゆる組織の恩恵だけを受け、コストを負担しない人が挙げられます。会社で仕事をあまりしていないのに、給料をもらっている人がいるとします。仕事を怠ると、どこかでそのしわ寄せを受ける人がいますが、そうした人に余分に報酬があるわけではありません。彼らが自分も得をしたいとフリーライダーになると、もともと企業にたった1人であったフリーライダーが増えることになります。その結果、全体の生産性が下がり、会社の業績が悪化すると、フリーライダーは全員職を追われかねません。短期では個人の利益を追求することが得だとしても、長期で見るとそうではないこともあるのです。

### 覚えておきたいターム
☑葛藤状態　☑個人の利益　☑集団の利益　☑囚人のジレンマ
☑フリーライダー

# 自分さえよければで本当に得をするのか？

# 042
## 帰属理論

解説

　人はある出来事の過程を知った際に、何らかの形でその原因を推論、特定したいと考える性質があります。会社の同僚がプロジェクトのリーダーに抜擢されたとします。「あの人は自分よりずっと努力していたから」とか「たまたま上司の近くに座っていたからだろう」と思いを巡らせることがあるのではないでしょうか。帰属理論とは、**ある結果の原因を何に求めるのかという帰属過程が、どのように行われるのかを理論化したもの**です。これは、社会的認知に関する理論であり、最初の提唱者はハイダー,F.です。彼は、行動の原因を人物の内面である能力や性格といった個人的要因に帰属させる場合を内的帰属、一方で人物の外部である環境や運などに帰属させる場合を外的帰属として分類しました。

　日常生活に密接に関わる理論として、ワイナー,B.の「原因帰属理論」があります。人がある目標を持って物事に取り組んだ際の成功や失敗についての原因帰属で、その人物の動機づけの高さによって帰属の分類が異なるというものです。行動の成功や失敗の要因を、統制可能で安定的な内的要因に帰属させる人は動機づけが高く、「やればできる」といった意識を持つことのできる人であると言えます。一方、動機づけが低い人は、成功した場合は統制不可能で不安定な外的要因に帰属させ、失敗した場合は統制不可能な内的要因に帰属

させやすいことがわかっています。つまり、「統制の所在が内的か外的か」「安定性が安定か不安定か」「統制可能性が統制可能か統制不可能か」という3つの軸に則って原因帰属の分類がなされます。

**ワイナーの原因帰属理論**

| | | 統制可能 | | 統制不可能 | |
|---|---|---|---|---|---|
| | | 安定 | 不安定 | 安定 | 不安定 |
| **統制の所在** | 内的 | 普段の努力 | 一時的な努力 | 能力 | 気分 |
| | 外的 | 教師の偏見 | 他者の日常的でない援助 | 課題の難しさ | 運 |

　こうした帰属理論の多くは規範的モデルであり、実証的研究では帰属の誤りも指摘されています。中でも、「基本的な帰属の誤り」は頻繁に生じるものであり、観察者が外的状況を十分に把握しないまま、行為者の内的要因を重視して原因を探る傾向を指します。その場の状況に合わせ、外的状況を基盤に何らかの判断が下された場合であっても、どうしても行為者の内的要因に目が行き、行為者の性格や態度などが推測されてしまうことを言います。

**ワンポイントレッスン**

　昇進試験で良い結果が取れた際に、動機づけが高い人物は、成功したときは「今までの頑張りが評価された」、失敗したときは「努力が足りなかったから、次はもっと頑張ろう」と統制可能な内的要因に帰属させます。一方で、動機づけが低い人は、「運良く通ってしまった」と統制不可能な外的要因に原因を帰属させるなどし、達

成感を味わうことがありません。さらに、あまり結果が望ましくなければ、「やはり自分はバカだ」などと統制不可能な生まれ持った能力などに原因帰属を行うことにより、自尊感情を下げることにつながります。

　挨拶の例でも同様のことが言えます。例えば、ある人に挨拶をした際に、返事がなかったとします。「自分は嫌われているからだ」と統制不可能な内的要因に帰属させてしまうと、また挨拶をしても同じように無視されるだろうと動機づけは低下し、次にその人に会っても挨拶することを避けてしまいがちです。ところが、「今の声は少し通りにくかったかもしれない」のように統制可能な内的要因に帰属させれば、今度はもう少し大きな声で話しかけてみよう、と動機づけも高まり、次にもっと明瞭に挨拶することで、実は自分の声に気づいてなかっただけのその人から挨拶が返ってくるかもしれません。

　以上の例のように、たとえ同じ情報を受け取っていたとしても、認知する内容は人によって大きく異なります。認知の仕方によっては激しく落ち込んだり、怒りや悲しみが生じたりします。近年多く取り上げられる認知行動療法は、認知の変容を目的とするもので、原因帰属の型を変えることも手法の1つとして挙げられます。偏った認知は「自動思考」と言い、本人も気づくことができていないような瞬間的なイメージによって生じますが、それを意識化し、同定することが変容への第一歩となります。証拠不十分のまますぐに決めつけてしまう、信じ込んでしまう、一時的な感情状態から現実を判断してしまうなどといった人それぞれの傾向があるので、自分が原因帰属をするまでに至るその自動思考に注意を向け、検討していくことが重要となります。その他の不適応的な認知の例に、不合理

な信念があります。こうした信念にこだわると、たった一度挨拶が返ってこなかっただけでも自分が悪いのだと否定的に捉えてしまいます。

### 不合理な信念

不合理な信念とは、物事を「必ずこうでなければならない」のように絶対的に捉える非論理的な考え方のことを言います。例えば、「誰に対しても良い印象を持たれないといけない」「他者が気に入るような発言をするのは当たり前のことだ」といった思い込みが挙げられます。

### 覚えておきたいターム

☑ハイダー,F.　☑ワイナー,B.　☑原因帰属理論　☑動機づけ
☑帰属の誤り　☑自動思考

# 成功や失敗の要因はどこにあるのか

# 043
## ステレオタイプ

### 解説

　ある集団について、成員全員に対して類型化した性質や特徴を当てはめることを、ステレオタイプと言います。これはもともと鉛板（ステロ板）を意味する言葉でしたが、ジャーナリストのリップマン, W. により、現在のように心理学的な意味でも使われるようになったと言われています。

　リップマンによれば、現実の人や集団は複雑であるため、さまざまな側面を一つ一つ考慮してその性質や特徴を判断することは非常に困難な作業です。そのような大変な作業をするよりも、現実を単純化したモデルを作り、そのモデルをもとに人や集団を理解しようとする方が軽い労力で済みます。このモデルを作り出す時に、個人が参照する類型化されたイメージをリップマンはステレオタイプと呼びました。

　ステレオタイプを持つことはまた、慣れない人や集団と付き合っていくとき、私たちに安心感をもたらすという面もあります。例えば、初対面の相手がどのような人物なのか予測できないまま会話を始めるよりも、まず相手にステレオタイプを当てはめ、わかったつもりになった方が、安心して話を進められることがあります。

## ワンポイントレッスン

　心理学の分野におけるステレオタイプには、偏見や差別と異なり、ポジティブなものもネガティブなものも含まれます。とはいえ、社会の中でステレオタイプが強い影響力を持つようになると、人に対する安易な決めつけが助長されかねません。

　影響力の大きい身近なステレオタイプの例として、血液型性格診断が挙げられます。これは、血液型をもとに、例えば「A型は几帳面」「B型は自由奔放」「O型は大雑把」「AB型は二重人格」などと人の性格を予測するものですが、現在までに科学的に実証されたことはありません。それにもかかわらず、日本では結構な数の人が信じていて、採用面接や人事異動の際に血液型を参考にする企業・団体すらあるようです。

　科学的な根拠がないにもかかわらずステレオタイプが生き残る理由は2つあります。1つ目は、ステレオタイプに基づく判断はほとんど自動的・無意識的になされてしまうため、修正される機会が少ないからです。2つ目は、仮にステレオタイプに合致しない人がいたとしても、その人はあくまで例外と判断されてしまい、元のステレオタイプがそのまま保存されてしまうからです。私たちはついつい偏った見方をしがちですが、ステレオタイプ的な判断をしすぎないように、意識していくことも必要でしょう。

### 覚えておきたいターム
☑リップマン,W.　☑偏見　☑差別

> 見てから定義せず、定義してから見てしまう

# 044
## 社会的促進

### 解説

　私たちは、他者の存在や働きかけに多かれ少なかれ影響を受けますが、そうした社会的影響の1つとして社会的促進が挙げられます。これはオルポート，F.H. によって提唱された現象で、**観察者や共行動者の存在により、個人の遂行行動が促進されること**を意味します。単純で、よく学習したことのある課題に取り組む場合に顕著に見られ、計算問題であれば、速度が速まったりします。こうした現象が生じる理由として、遂行者の適度な心拍数の上昇や興奮といった生理的反応の強まりや、動機づけの高まりが挙げられます。

　ただし、同じ計算問題であったとしても、高い集中力を要する課題に取り組む際には、逆に遂行が抑制されることもあります。

### ワンポイントレッスン

　社会的促進の中でも、近くで誰かに見物（観察）されている場合に生じるものは「見物効果」、一緒に作業をする人物がいる場合に生じるものは「共行動効果」と分類されます。他者がいると、それが観察者であれ共行動者であれ、注意を向けずにはいられず、行っている作業から注意がそれる場合もあります。しかし、他者へ注意が向かおうとするのと同時に、課題に対して集中しようとすることで、相反する反応から生じる生理的興奮が結果的に遂行を促進する

と考える研究者もいます。

　見物効果の例としては、家よりも人目のある図書館やカフェで勉強をした方が、仕事が捗るというケースが挙げられます。共行動効果の一例は、パソコンのデータ入力や袋詰め作業などを他の人と一緒に行ったりすることです。経験したことのある簡単な作業は、1人で行うよりも、周りに人の目があったり、同じ作業を行う者がいたりすることで、適度な緊張などから作業効率の上昇が期待できます。これは、他者の存在やその場の雰囲気に注意が向くことで、課題に集中するための生理的状態が作り上げられやすくなるからと考えられます。しかし、未学習もしくは複雑な課題に取り組む場合には、課題に十分な注意が行き届かず、遂行が抑制されやすいため、注意しなければなりません。

　単に他者がその場にいるだけではなく、その人が遂行者に何らかの評価を下すのかどうかといった点も、動機づけを左右する一因となることがわかっています。他者からの評価に対して「良いところを見てもらいたい」と作業効率が上がることもあれば、「できない人だと思われたくない」という思いから作業効率が抑制される場合もあります。また、他者が周りにいると自分を客観的に見ることにつながるとも言われ、課題の遂行状況を理想に近づけようとする効果が働くため、社会的促進が生じるという研究もあります。

### 覚えておきたいターム

☑オルポート,F.H.　☑動機づけ　☑見物効果　☑共行動効果

## 誰かに見られている方が捗ることもある

# 045
## 傍観者効果

**解説**

　あなたの身に何らかの危険が降りかかるような緊急事態が起こり、誰かの助けを必要としているとします。このような状況に陥ったとき、あなたが助けてもらえる可能性は、目撃者が多ければ多いほど高くなるのでしょうか。この問いに対して、否定的な結論を出した心理学の研究があります。ラタネ,B. とダーレー,J.M. が提唱した傍観者効果によれば、**援助が必要な状況において、自分以外に目撃者がいることに気づくと、人は援助行動を控える傾向を強める**というのです。

　ラタネらがこのような研究を始めたのは、ある事件がきっかけでした。1964年の冬、ニューヨークの住宅地でキティ・ジェノヴィーズという20代の女性が、自宅アパートの前で暴漢ウィンストン・モースリーに何度も刺され、殺害される事件が発生しました。この時、被害者は大声で助けを求め、近隣の多くの住民がその声を聞き、中には窓を開けて犯人に立ち去るよう怒鳴りつけた人もいました。一説には住民は30名を超えていたとも言われていますが、それでも犯行を止めるために直接の行動を起こした者はいませんでした。犯人は被害者への凶行を続け、ようやく住民の一人が警察に通報した時には、時すでに遅く被害者は死亡していたのです。事件が起きた要因には都会で暮らす人々の無関心・非人道性・冷淡さがあ

るとする論調が、マスコミを中心に盛んとなりました。しかし、ラタネらは、援助行動の実行可能性と援助者の人格や人間性とを短絡的に結びつけるそうした発想に疑問を持ち、ある実験を行いました。

　その実験とは、ニューヨーク大学の学生を集団討論に参加させ、その最中に討論の相手が発作を起こして苦しみ始めたとき、実際に学生が援助行動（廊下で待機している実験者に知らせる）を行うかどうか調べるというものでした。この実験では、匿名性を保つためと称して、被験者の学生を個室に案内し、インターフォンを使って顔の見えない他の参加者たちに向けて自分の意見を言ってもらうという手続きがとられました。被験者以外の参加者の声は、発作も含めすべてテープに録音されていたもので、実際には他の参加者は存在していなかったのですが、被験者は自分以外に集団討論の参加者が存在すると実験者から信じ込まされていました。実験の結果、被験者と病人のみの場合、被験者は援助行動を高確率にかつ迅速に行ったのですが、自分以外にも参加者がいると信じ込んでいた被験者は援助行動を起こす率が低く、また行動を起こすまでの時間も長くかかっていました。

　以上の結果からラタネらは、緊急事態に際して傍観者が存在することが援助行動を抑制してしまうこと、さらに傍観者の数が増えるほど抑制の度合いが高まることを見出しました。つまり、キティ・ジェノヴィーズ事件においては、目撃者の性格や人格といった内面的な要因だけでなく、傍観者の存在という状況的な要因が、援助行動の抑制に大きく影響していた可能性があるのです。

　傍観者の数が多いほど援助行動が抑制されるという現象は確認されましたが、なぜそのような現象が起きるのでしょうか。

　いくつかの理由から説明されていますが、第一に「責任の分散」という考え方があります。これは、ある事態に対する責任を持つ人が複数存在すると、各自の責任は一人だけで責任を負う場合と比べて軽くなると援助者が考えるというものです。

　傍観者効果の理由として第二に、「評価懸念」によるという説明があります。援助行動を起こしたときに、周りにいる傍観者から自分がどのようにみられるか、失敗したら恥ずかしい思いをしたり非難されたりするのではないか、といった気がかりが生じてしまうため、援助行動をためらってしまうという考え方です。つまり、周りの傍観者が自分に注目する観客のように援助者が感じる、ということです。例えば、電車やバスなどで自分が席に座っているとき、年配の方や杖をついている方が近くに立っていたとします。席を譲ってあげたいと思ったとしても、そのような行動を取ることで周りにいる乗客から自分が注目されてしまうので、恥ずかしさが先に立ってなかなか実行に移せない、という方は意外と多いのかもしれません。

　傍観者効果の第三の理由としては、「多数の無知」が挙げられます。これは、集団の中で他者が取った行動について、その人の感情・意見・判断といった内面が直接反映された結果だと考える現象です。この場合、集団内での自分自身の行動については、自分の内面の考えとは一致していないと感じているにもかかわらず、他者の行動に

ついては、その他者本人の内面と一致しているだろうと考えてしまうという、いわばダブルスタンダードが働いています。緊急事態でこれが生じると、「他の人たちが援助行動を起こさないのは、みんな援助が必要ないと考えているからだ」と当事者各自が考えてしまい、たとえ自分自身は援助が必要だと内心では思っていても、見て見ぬふりをしてしまいやすくなるのです。

**覚えておきたいターム**

☑ラタネ,B.　☑ダーレー,J.M.　☑責任の分散　☑評価懸念
☑多数の無知

---

## 周りに人が多いほど見て見ぬふりをしてしまう

---

# 046
## ピグマリオン効果

**解説**

　普段私たちは人と接するとき、相手に対して、良くも悪くも何らかの期待や予想をしてしまいます。すると、**相手がその期待や予想の通りに行動してしまうこと**があります。この現象をピグマリオン効果と言います。

　ローゼンタール,R.らの研究では、小学校の生徒たちを対象に、学力の伸びを予測するテストと称して知能検査を実施し、そのうちランダムに選んだ何人かの生徒について、担任教師に「今後、学力が伸びると予想される」と告げる実験が行われました。8ヶ月後に再び知能検査を実施したところ、「学力が伸びる」と教師に伝えられていた生徒たちの知能検査の結果は、実際に向上していました。

　ローゼンタールらの考察によれば、「学力が伸びる」と伝えられた生徒たちの潜在的な能力について、教師が期待を持つようになったため、教師側の対応が学力を向上させる方向に変化したのだというのです。実際にこの実験では、教師が期待を持つ生徒に対して、発言の機会やヒントを多く与えたり、質問を言い換えたり、回答を待ってあげたり、といった行動を取っていたことが観察されています。さらに、このような教師の期待が生徒にも伝わり、生徒の学習へのモチベーションが高まったことも成績の向上に影響したと考えられています。

## ワンポイントレッスン

　ピグマリオン効果は、広く「予言の自己実現」と呼ばれている現象の１つです。予言の自己実現とは、予想や期待に従って人々が行動を起こすことにより、その予想や期待が現実のものになってしまうことを言います。そして、このメカニズムによってさらに大きな社会現象でさえ説明がついてしまうことがあります。

　1973年の石油ショック時にトイレットペーパー騒動がありました。この年、第四次中東戦争に伴い、日本の内閣が「紙の節約」を呼びかけたのですが、これが「紙がなくなる」というデマに発展し、全国のスーパーでトイレットペーパーの買い占めが起きました。この時、実際には日本の紙生産は安定しており、トイレットペーパーの不足など本来生じるはずはなかったのですが、多くの人々が「紙がなくなる」という予想に従った行動を取りました。その結果、実際にトイレットペーパーの不足が生じてしまいました。人の予想や期待が現実化するというメカニズムが、身近な関係性だけでなく、広く社会的な事象においても働くことがあるのです。

### 覚えておきたいターム
☑ローゼンタール,R.　　☑予言の自己実現

## 人の期待には応えたくなるもの

# 047

## 単純接触効果

解説

　単純接触効果とは、ザイアンス,R.B. により報告された、**ある対象に繰り返し接触することで、その対象に好意を抱く現象のこと**です。単純接触効果が生じる理由として、「反応競合の減少」という説が挙げられます。日々やりとりを交わすことの多い人とのコミュニケーションは、相手が初めて接する人である場合よりも予測がつきやすいことが想像できますが、それは相手から受ける刺激に対する情報処理がスムーズにできるようになるからです。目新しい刺激には、その情報処理をするのに労力を要するため、最初のうちは特に良い印象は形成されないと考えられています。刺激に慣れ、労力がかからずに済むようになると、接触が増えるごとにその対象を以前より肯定的に認識するようになるのではないかと考えられています。

　また、単純接触効果は、もともとは特に好意を抱くような対象ではなかった、すなわち「中性刺激」に対しても生じます。しかし、例えば忙しい時間帯にたびたびかかってくる電話や訪問者に対して良い印象を持つことは難しく、初回から否定的な印象を持ってしまうと、そのイメージを覆すのには時間がかかります。初めからややポジティブな印象を対象に抱いていると、肯定的な反応がより生じやすいと言えるでしょう。

## ワンポイントレッスン

　単純接触効果は、例えば1秒に満たないようなほぼ無意識下での接触においても生じ得ます。効果が生じる対象となるものは、人間や絵画、漢字、標識、音色、さらには無意味な単語の羅列といったものなどまで幅広く認められています。中でも最も身近なものとして、テレビCMやバナー広告が挙げられます。無数の製品の中からある1つを選ぶ際に、何度か見かけたことのある商品は手に取りやすいことが想定されます。また、聞き心地の良いポップスが、コンビニ、ラジオ、テレビの音楽番組などで頻繁に流れていたとします。一回一回が短時間であったとしても、回数を重ねるうちに好感を持つようになるといった経験がある人も多いはずです。

　対人関係においても、何かを購入するのであれば、日頃から会う機会の多い人から買いたいと思うものです。例えば、保険のセールスはこまめなやりとりが印象的ですが、その都度売り込みを行うばかりでは好ましい印象形成はなされません。会うたびに少しずつ自己開示を行ったり、相手の話を引き出したりすることで、相手に親近感を持って接してもらえるようになると、単純接触効果が働き、販売効果も上がりやすくなるでしょう。対人関係において売買などの取引を行う場合は、日頃からの安定した接触が基盤となるのです。

### 覚えておきたいターム
☑ザイアンス,R.B.　☑反応競合の減少　☑中性刺激　☑印象形成
☑自己開示

> 遠くの親戚より近くの他人

# 048

## 同調

**解説**

　同調とは、**ある集団や他者との間において生じ、自分とは異なる意見や規範に沿うように行動すること**を指します。アッシュ,S.E. による有名な実験に、１本の見本となる線と３本の異なる長さの線が提示され、どれが見本と同じ長さであるのかを被験者に問うものがあります。この問題は、通常の誤答率は0.7％と非常に低いものですが、実験のサクラ７人に対して真の被験者１人で、サクラが揃って誤った回答を行うと、被験者もその多数派に合わせてしまい、結果的に37％の誤答が生じることが明らかになりました。このことから、自分の信念を曲げてでも周囲に合わせて行動を変容する場合があることが読み取れます。

　同調が生じる過程には、「情報的影響」と「規範的影響」という２種類があるとされています。情報的影響は、正しい判断を行いたいという欲求による影響で、この同調が見られる要因としては、判断の不確かさが挙げられます。例えば、アッシュによる実験では、サクラが揃って同じ回答をしましたが、それを知った被験者は自らの判断に自信が持てなくなり、結果的に周りの人がどうしているかを参照し、サクラの出した答えを正しいものとして受け入れたと言えます。規範的影響は、他者からの欲求に応えたいという欲求による影響で、この同調が見られる要因として、集団への関与の高さが挙げられます。例えば、集団が目標達成のために協調性を必要とする

ときなどに、集団の期待に沿おうとして、同調行動を取りやすくなるのです。

## ワンポイントレッスン

　同調行動は、時として効果的に働く場合があります。例えば、記憶が曖昧な道のりでも、大勢の人についていくことで目的地までたどり着くことができた、といった経験のある人も少なくないでしょう。これは情報的影響の一種で、多数派がより正しいと言った考えに従おうとする行動です。また、相手とのコミュニケーションにおいて、互いの発言や沈黙、身振り手振りなどが似てくるといった現象がありますが、こうした同調傾向を示す人は、相手への共感性や社会的成熟度が高いと言われています。

　一方、特殊な同調として、権力への服従というものがあります。人には権威や肩書のある者に対し服従を示しやすいという「権威への服従原理」が認められていますが、それは、本来その人が取る意思決定を妨害する恐れもあります。例えば、ある健康食品に対し、医師などの専門家からコメントが寄せられたり、消費者の高い割合が満足感を示している表示があったりすると、消費者はその食品をより簡単に手に取るようになったりします。

### 覚えておきたいターム

☑アッシュ,S.E.　　☑情報的影響　　☑規範的影響　　☑権威への服従原理

---

# 人に合わせることが吉と出るか凶と出るか

# 049

## 服従

解説

　**権威者から命令や指示を受けた時、それが自分の意思に反したものであっても従うことを服従と言います。**第二次世界大戦中にナチス・ドイツの官僚であったアイヒマン,A.O. は、ユダヤ人を強制収容所へ輸送する計画を指揮していたためにホロコーストの実行責任を問われて裁判にかけられましたが、そこでの彼の主張は「自分はただ命令を実行したにすぎない」というものでした。

　たとえ非道徳的に思えることであっても、権威者からの命令であれば実行に移してしまえるのか。そのような問題意識の下、ユダヤ系移民の子孫であった心理学者ミルグラム,S. は、ある実験を行いました。その実験では、「学習における罰の効果を検討するため」と称して被験者を募集し、生徒に問題を出す教師役に割り振りました。そして教師役の被験者は、生徒役（実験者が用意したサクラ）が誤答や無反応だった場合に、電気ショックを与えるよう求められました。生徒役は苦痛を訴えたり叫び声を上げたり、330ボルトを超えると電気ショックに反応すらしなくなる演技をしたのですが、それでもなお実験者は電気ショックのレベルを上げるよう命令しました。このような状況で、被験者がどこまで強い電気ショックを与えるかが検討されたのです。実験の結果、最大電圧の450ボルトまで上げた被験者は65％に達し、残りの35％の被験者も300ボルトよりも低いところでは中止しませんでした。

脳・感覚・知覚

認知

学習

社会

発達

自己

臨床

調査・統計解析

## ワンポイントレッスン

　ミルグラムによれば、普段は自律的・道徳的に見える個人であっても、権威者から命令を受けるというヒエラルキー構造の中に埋め込まれることで、代理状態に移行してしまうことがあると言われています。この心理状態では、命令を受ける個人が、自身を命令者の代理人に過ぎないと見なして命令者に責任を転嫁し、自身の行動に責任を感じなくなる傾向が見られます。

　現実社会においても、官公庁や大企業における不正行為やその隠蔽が後を絶ちません。そうした事件の背景では、関わった末端の成員が「自分は言われたことをやっているだけだ」と考えて自身の責任を放棄するような、服従のメカニズムが働いているのかもしれません。こうした場合に服従を抑制するものとしては、権威者の持つ権威を絶対視しない考え方や、権威に反対している他者がいるという状況的な要因などが知られています。

### 覚えておきたいターム
☑命令・指示　　☑ミルグラム,S.　　☑権威　　☑代理状態　　☑責任の放棄

---

# 命令された行動の責任は誰にあるのか

---

# 050
## 集団意思決定

**解説**

集団意思決定とは、**何らかの決定のために、人々が直接的なやりとりを通して意見を交換すること**を意味します。ジャニス,I.L. は、過去のアメリカの政策決定過程において、たとえ有能な人々から成り立つ集団であっても、彼らが下した決定に、しばしば過ちが認められたことを指摘しました。このことから、集団による意思決定は個人で行う意思決定とは質が異なるとされ、その特徴として「集団浅慮」や「集団極性化」を挙げました。

集団浅慮とは、集団での討議が不合理な決定を導いてしまうことを言います。原因として、個人をその集団に留めさせておく力である集団凝集性が挙げられます。凝集性が高ければ高いほど、成員以外からの意見を取り入れることが困難になり、柔軟性に欠けた決定を下しがちです。

また、集団極性化は、個人の当初の判断や行動傾向、感情などが、集団でのやりとりの中で、極端な方向に強まる現象を言います。集団極性化には、1人で意思決定を行う時よりも、集団で行う時の方がリスクの高いものとなる「リスキー・シフト」と、より安全性の高い無難な意思決定になる「コーシャス・シフト」の2つがあります。

集団意思決定をより望ましいものにするためには、集団浅慮や集団極性化の発生を意識し、その上でやりとりを行うとよいでしょう。

## ワンポイントレッスン

　集団浅慮を防ぐためには、外部からの専門家を成員に含め、閉鎖的な環境を崩したり、集団をいくつかのグループに分け、その中で批判者としての役割を担う人を設けたりするといった工夫が挙げられます。さらに、リーダーなどが意見を述べると反対意見が出にくくなるため、影響力の強いメンバーは意見を控えることも時として必要になります。

　また、集団極性化を防ぐためには、たとえ最終的な決定が多数派の意見に沿ったものになるとしても、少数派の意見も考慮に入れることが欠かせません。集団内において立場の弱いものは、発言もおのずと少なくなる傾向がありますが、そもそも集団意思決定は意見の多様性を求めて行うものです。

　ジャニスは、過去に失敗として終わった政策は、1つの選択肢に絞り込むことを優先するあまり、不合理で非倫理的なものが採択された結果であると述べました。成員から満遍なく意見を求めるように工夫することで、埋もれていた見解も周知され、少数派が疎外される恐れが低くなります。また、和を乱すまいと周囲へ同調し、本来保持していた意見と異なる判断を行う場合もあります。このような場合、忌憚なく意見を言える雰囲気を醸成することが解決策の1つとして挙げられます。

### 覚えておきたいターム
☑集団浅慮　☑集団極性化　☑リスキー・シフト　☑コーシャス・シフト

> # みんなで決めたからといって
> # 正しいわけではない

# 051
## 認知的不協和理論

### 解説

　フェスティンガー,L. は、自己や自己を取り巻く環境についての
さまざまな知識・意見・信念・感情を、「認知要素」と呼びました。
そして、**認知要素間に矛盾が生じ不協和の状態になると、不協和
を解消・低減する方向への態度変化が起こりやすくなる**としました。
この理論を、認知的不協和理論と言います。不協和を解消・低減す
るための方法としては、行動を変化させる、認知を変化させる、新
たな認知を付加する、情報を恣意的に選択する、の４つがあります。

　フェスティンガーとカールスミス,J.M. の行った実験では、被験
者に退屈な作業課題を実施してもらった上で別の被験者に「この課
題は面白い」と嘘をつくよう依頼し、嘘をついたことに対して金銭
的な報酬を与えました。その結果、１ドルの報酬をもらった被験者
の方が、20ドルの報酬をもらった被験者よりも、作業課題を面白
いと信じる傾向が強かったのです。20ドルもの報酬をもらった被
験者は嘘をついた理由を「お金のため」と正当化できますが、１ド
ルしか報酬をもらえなかった被験者はそれができないため、作業課
題に対する態度を変える、すなわち受け止め方を変化させることで
自分を納得させたのだと言えます。

## ワンポイントレッスン

　現実の事態に基づいて認知的不協和理論を検討したものとしては、カルト教団へ潜入しての参与観察研究があります。その教団の教祖は、世界は間もなく大洪水による終末を迎え、熱心な信者のみが空飛ぶ円盤によって救われると予言していました。予言は当然外れたのですが、この時、信者たちは信仰を捨てず、むしろ信仰を強化してしまうという現象が見られました。信者の心の中で、教祖への信仰と予言の失敗という2つの認知要素が矛盾して認知的な不協和の状態が引き起こされたため、教祖をより強く信じることで不協和を解消しようとしたのです。

　より身近な例としては、お酒を好きな人が、過度の飲酒は肝臓ガンの原因になり得るという情報を得た場合が考えられるでしょう。この場合、不協和を和らげるための方法としては、断酒する（行動の変化）、酒好きな人が全員肝臓ガンになるわけではないと考え直す（認知の変化）、飲酒はストレス解消等の良い効果をもたらすと考える（新たな認知の付加）、飲酒の害に関する情報を避ける（情報の恣意的選択）、といったものがあり得ます。このように都合の良い面だけを見繕うなどして正当化していないか、自分の行動を時々振り返ってみるのも必要かもしれません。

### 覚えておきたいターム
☑フェスティンガー,L.　　☑認知要素　　☑態度変化

## 不合理を正当化するメカニズム

# 052
## PM理論

### 解説

　社長を筆頭に、各部門に部長、課長、係長、などが設けられるように、企業においてリーダーシップはさまざまな形で発揮されています。その目的は、企業の発展や各部門の活動維持が主になりますが、そのリーダーシップを理論化したものの中で最も有名なのが、三隅二不二によるPM理論です。

　**集団の機能は、その集団の持つ目的を遂行・達成するための目標達成機能**（Performance の頭文字からP機能と呼ばれる）と、**人間関係に重きを置き、集団構成員同士のまとまりを維持しようとする集団維持機能**（Maintenance の頭文字からM機能と呼ばれる）とに分けられます。そして、リーダーが各々の機能を重視しているか、軽視しているかを、構成員に評価させます。**リーダーが各機能を重視している場合には、頭文字の大文字（PあるいはM）、軽視していれば、頭文字の小文字（pあるいはm）で表し、4種類のリーダーシップの類型を示します。**

　一般的に、P型では集団に課された目標をいかに効果的に達成するかが第一に考えられており、そのための情報共有や施策、結果の評価などに重点が置かれ、その機能は手段的、方法的、知識的であると言われています。一方、M型では、社員同士の仲を維持したり、士気や共通の価値基準などの形成を通して社員の凝集性を高めたりすることを主に捉えており、その機能は情緒的で受容的、表現的で

あると言われています。そして、P機能とM機能とが上手く調和して発揮される際に、集団は効率よく動くことができるとされます。一般的に、生産性と部下の意欲・満足度はリーダーがPM型を担う場合に高く、次いで、pM型、Pm型、pm型となるため、両機能を適度に取り入れているPM型が最も望ましいとされています。

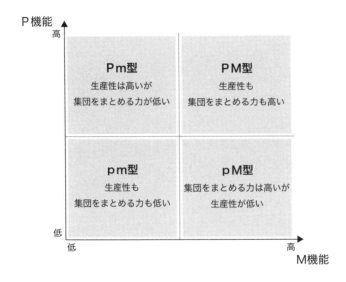

ワンポイントレッスン

　PM理論はリーダーの行動に対する評価によって分類されるものであり、リーダーの個人的な特性に直接的な評価を与えるものではありません。また、リーダーに対する評価は、その場の状況などによっても左右されます。したがって、評価も固定されたものではなく、リーダーの行動が変わればそれに伴って改善することができ

るのです。また、ＰＭ理論は適応範囲も医療、教育、自治会、学生のクラブ活動、と幅広く多様な現場において用いることができます。

　集団の規模が拡大するほど、Ｍ機能よりもＰ機能が優勢になっていき、チームワークや士気は低下しがちであることがわかっています。中小企業では、組織の凝集性は高く、皆で力を合わせて仲睦まじく業務に取組むことが多い一方で、大企業では社員同士の関係が希薄になる傾向があります。そこで、組織の規模が大きくなるにつれて、リーダーの数も増やしていくことが重要になるのです。

　ロバート,K.G. は、従来の支配的なリーダーシップとは相反する概念である「サーバント・リーダーシップ」を提唱しました。この理論においては、リーダーは部下に対する奉仕の感情を持ち、職場の環境を整えていくことを優先するとされています。例えば、部下に命令や指示をするのではなく傾聴する、服従させるのではなく相手の同意を得て納得を促す、といったことです。サーバント・リーダーシップを取り入れることで、メンバーの意識や行動が変わり、生産性が向上する可能性があるとされており、旧態依然としたワンマン型とは違う新しいリーダー像を提言していると言えるでしょう。

### 覚えておきたいターム
☑リーダーシップ　　☑三隅二不二　　☑目標達成機能　　☑集団維持機能
☑サーバント・リーダーシップ

## 理想的なリーダーはＰＭ型

# Chap.5 発達

心がどのように
成長していくのかを知る

# 053
## 遺伝と環境

### 解説

　　人の行動や心の動きはそれぞれ異なりますが、それらはどのよ
うにして発達するのでしょうか。行動や心が生まれつきの遺伝的要
因で決まるとするものを生得説、経験などの環境的要因を通して獲
得されるとするものを学習説と言います。遺伝－環境論争は長期に
わたり行われてきましたが、現在では、**いずれもが互いに作用し合
い、個々の人間を作り上げる相互作用説が一般的**になっています。

　　人が乳幼児期を迎えるまでの初期環境の重要性を示すエピソード
としては、野生児研究が有名です。これは、1920年にインドのジャ
ングルで発見された狼によって育てられた少女２人（推定２歳と８
歳）についての研究です。彼女らは、本来人間の発達に必要とされ
る環境を失った状態にあり（環境剥奪）、両手足を使って走り、地
面に置かれた皿から食事を摂るという狼の習性を持って生活をして
いました。発見直後より人間らしい環境下で生活を始め、一人は比
較的長生きして約９年後に亡くなりましたが、結局二足歩行も十分
にできず、語彙も50語ほどを獲得したのみだったそうです。

　　一方で、遺伝的傾向も決して無視することはできません。例えば、
トマス,A.は新生児期の赤ちゃんにもそれぞれの気質があり、ある
程度の持続性や安定性が見られるとしています。生まれながらに
して、「扱いにくい子ども」「エンジンがかかりにくい子ども」「扱
いやすい子ども」がいるとして、３種類に分類したのです。しかし、

そうした個人特性も養育される環境によって変わる可能性があり、**置かれた環境の影響を受けて、持って生まれた遺伝的要因の発揮される程度が異なる**と言えるのです。

## ワンポイントレッスン

「狼に育てられた少女」の例では、なぜ彼女たちは人間の生活様式および言語がなかなか定着しなかったのでしょうか。人間の乳児は、個人差はあるものの、生まれてから2年の間に約100の言葉を話し、500程度を理解していると言われています。それは、生物の発達には「臨界期」と呼ばれるものがあり、ある適切な時期を過ぎてから発達にふさわしい環境が与えられても、十分な発達効果は見込めないとされているからです。身近な例では、中学生以降に学んだ母国語以外の言語獲得は、なかなかスムーズにいかなかったのではないでしょうか。たとえ親が外国語を流暢に話すとしても、環境を整えずにいれば、母国語しか身につかないものです。

また、喘息やアレルギー性鼻炎など特定の病気にかかりやすい子どもたちがいるように、遺伝は疾患の発現に影響することもあります。しかし、治療環境を整えることにより、その発症を未然に防いだり、二次障害の発生をある程度減少させることもできるのです。

覚えておきたいターム
☑相互作用説　☑野生児研究　☑環境剥奪　☑臨界期　☑言語獲得

人の発達は遺伝と環境の相互作用で決まる

# 054
## 刷り込み

　アヒルやカモ、ニワトリなどの**離巣性の鳥類の雛は、孵化してから最初に目にした動く対象に愛着を抱き、次第に追尾するようになります**。通常その対象は親鳥ですが、たとえ人間であっても、おもちゃであっても、愛着が形成されればそれらの後を追い、成長に伴い性的接近さえも試みると言われています。

　動物行動学者であるローレンツ,K. は、この生まれて間もなく行う学習を「刷り込み」や「刻印づけ」、もしくは「インプリンティング」という言葉によって説明しました。刷り込みは、いったん起きると取り返しがきかない、非可逆性のものであると長年信じられてきました。しかし、刷り込みは瞬時に成立するわけではなく、多少の訓練が必要となることがわかってきています。例えば、親鳥であれば、雛の目前にたびたび姿を現し、声や動きでその存在をアピールしますが、そうした継続的な刺激が必要となるのです。つまり、一度刷り込みが生じた後でも、多少の修正がきくということです。刷り込みにはタイムリミットのようなものがあります。**臨界期という生まれてから特定の期間内においてのみ刷り込みが生じる**とされ、トリの雛に関しては出生から約24時間以内だと言われています。

## ワンポイントレッスン

　刷り込みは初期学習の1つで、トリにおいて顕著に見られますが、哺乳類でも起こります。初期学習がうまくいかないと後に不適応が生じる可能性があります。例えば、サルを幼いうちに仲間と分離させると、他のサルに対抗したり、攻撃性を示したりと、社会的場面での問題行動が生じます。これは臨界期に仲間と暮らすという環境が剥奪されたことが原因ですが、分離後、早い時期にまた他のサルとの接触を持たせると、通常の社会行動を回復することもあります。

　飼い主と犬の関係においても興味深い考察がなされています。犬を好んで飼う人は多いですが、生後間もない頃から人間と生活を共にする犬は、自分を犬であるとは思っていないケースがあるのです。そういった犬は、前述のサルのケースと同様に、散歩の途中で他の犬に出会っても、無視したり、拒絶したりします。

　虐待における世代間連鎖の問題も、暴力によって母子関係が保たれるという幼い頃からの経験の刷り込みが背景にあるとも考えられています。ただし、人間の場合、早期の体験に影響されつつも、新たな体験を積み上げていくことができるため、変化する余裕が残されています。実際に虐待などのトラウマを抱えて里子になった子どもも、安定した愛着パターンを持つ養育者に引き取られると、それに合わせた健全な関係性を再構築することがわかっています。

**覚えておきたいターム**
☑愛着　　☑刻印づけ　　☑インプリンティング　　☑臨界期　　☑初期学習

## タイムリミットは24時間以内

# 055
## 臨界期と敏感期

解説

　臨界期はもともと動物行動学における概念で、**ある特定の技能の習得に向けて脳が変化しやすい時期**のことを言います。アヒルやカモなどの離巣性の鳥類には、卵から孵って最初に目にする対象に愛着を抱き、追従するという刷り込み現象が見られますが、それは帰る巣のない彼らにとっては生きていくために必須の学習なのです。しかし、刷り込みには臨界期という、いわゆるタイムリミットのようなものがあり、そうした学習が起こるのも、孵化後およそ24時間以内のみに限ってのことだとされています。脳は臨界期を迎えると、外部からの刺激、例えば環境や経験の影響を受けて変容しやすくなり、神経回路の再編や組み替えが起こります。

　刷り込みは、人間においても生じますが、その内容は、当然鳥類のものとは異なります。たとえば、母国語の獲得や二足歩行など、社会に適応して生きていくために必要な技能を獲得する際の初期学習の1つとされています。脳の領域は感覚、言語、運動などのいくつかの分野に分かれていますが、それぞれに異なった臨界期が存在します。そして、同領域における機能の臨界期は近接して閉じることがわかっています。なお、臨界期は、その期間に必ずしも決まった経験をしなければ、今後の発達のすべてが手遅れになる、という非可逆的なものではないことが近年指摘され始めています。したがって、最近では敏感期と表現されることもあります。

## ワンポイントレッスン

　早期教育の多くは、臨界期という理念のもとに成り立っています。というのも、多くの臨界期が誕生後の比較的早期のうちに閉じるとされているからです。しかし、創造性や思考などといった高度な機能においては十分に解明されておらず、子どもたちへの過度な刺激が成長に資する程度も科学的に裏付けされていません。感受性が高い敏感期に良い刺激を受けるのはよいことですが、人間の脳は生涯を通して成長、変化するという生涯発達の理念に沿い、その時々の成長に見合った適切な刺激を与えることが教育の基本となります。

　一方で、早いうちに適切な刺激を受けなければ、その部分の脳機能が低下したままになる場合もあります。視覚野は使用されないと生後3歳までにその機能を失います。生まれつき視覚に障害のある人は、臨界期を過ぎるとその後の視機能が限られ弱視となってしまうため、早めの治療が必要となります。また、私たちにとって母国語の獲得はそう難しいものではありませんが、例えば野生児研究における子どもたちのように、言語発達のために必要な言語刺激がない状態に置かれていたらどうでしょう。そのような言語剥奪の状態では、言葉を適切に用いることができず、聴覚や発声、知的能力に問題がなかったとしても、年齢相応の言語能力が身につかないと考えられています。

**覚えておきたいターム**

☑刷り込み　☑初期学習　☑早期教育　☑野生児研究　☑言語剥奪

タイミングを逃すな

# 056
## 同化と調節

解説

　ピアジェ,J. は、彼なくして発達心理学は語れないというほどに著名な人物ですが、遊ぶ子どもの観察を経て、言葉や思考の発達を認知機能の一環として捉え、「認知発達段階説」を提唱しました。人間には、その発達段階に応じた認知的枠組み、すなわちシェマ(スキーマ)というものがあり、そうした枠組みを通して外界を理解していくと考えたのです。そして、ひとたび高次の発達段階へと進むと、世界はそれまでと違って見え、以前持っていたものの見方にはもう戻ることができないと述べています。つまり、**人の認知機能は一定の方向にのみ進むものであり、後戻りはできない**と考えました。

　同化と調節はもともと生物全般に関する概念ですが、ピアジェ,J. はこれを人の認知機能にも当てはめました。彼の理論でいう同化と調節は、外界への適応に関する認知機能の1つとして位置づけられています。**同化とは外部の情報を自分の中に取り入れる働き**で、元々持っているシェマの中に新規の情報を付け加えるだけなので、比較的容易に行われます。しかし、外部からの情報が既存の知識とあまりに異質な場合、同化だけでは対応できません。**自分のシェマを再編し、対象を取り込みやすくする必要があり、その行為を調節と言います。**同化と調節、これらの機能を適宜用いることにより、環境からの情報に圧倒されずにシェマを保つことができるように日々均衡化を保っているのです。

## ワンポイントレッスン

　あなたのパソコンに、アップデートを機に知らないアプリケーションが新たに導入されたとしても、今まで使ってきたものと極端に違うものでなければ、既存のシェマの中で大概は理解ができるものです。その場合は、既存知識への取り込み、すなわち同化が行われたということになります。しかし、アップデートで使い勝手が劇的に変わってしまった場合、別物と捉えて新しい存在に適応していかなければなりません。その場合は、既存知識の枠組みを修正して調整を行う、つまり調節して対応するわけです。

　ひらがなを学ぶ際、まず「は」や「へ」はそれぞれ「は行」における ha、he と習います。そこで、「はなび」「へび」などと読むように促すと、習った通りに読み、単語の意味も理解することができます。では次に、「わたしはあそびにいきたい」「こうえんへいく」という文章の「は」と「へ」に ha、he を当てはめてみるとどうでしょうか。それでは正しい発音とは言えず、それぞれ wa、e と発音するようになります。ここで、今までにはなかった助詞というシェマを新たに落とし入れようと、調節が始まるのです。

　こうした同化と調節がバランスよく行われるようになることは「均衡化」と呼ばれています。発達に伴い均衡化も適切に行われるようになり、認知機能のバランスが良好になっていくのです。

### 覚えておきたいターム
☑ピアジェ,J.　　☑認知機能　　☑認知発達段階説　　☑シェマ　　☑均衡化

> # 新しい枠組みを取り入れると
> # 世界は異なって見えてくる

# 057
## レディネス

### 解説

　発達心理学者であるゲゼル,A.L. は、人の発達を生物学的に成熟していくという観点から捉える「成熟優位説」を提唱し、**人は生まれつき備えている能力を、個々人にとって最もふさわしい時期に、自然に発揮していく**としました。例えば、乳児の身体機能は徐々に発達し、そのうち歩くための準備ができますが、ちょうどその頃に、「手足を動かしたい」という意欲が生まれてきます。これがレディネスであり、ある行動に向けて体の準備ができていく状態のことを言います。ここで重要となるのが、**子どもが本来持っている力を発揮できるような環境を与えること、つまり、レディネスの形成後に教育的働きかけを行うのがよい**ということです。

　ゲゼルは、まだレディネスが形成されていないときにいくら教育的な働きかけを行っても、無駄になるばかりか、むしろ害になると述べています。一方で、それは、レディネスができ上がるまで何も働きかけをしないことを意味しているのではなく、学習を始めるのに適切な時期があることを踏まえた上で、子どもたちにさまざまな働きかけを行い、経験を積ませていくことを前提としています。

　レディネスに近い概念として、ヴィゴツキー,L.S. の提唱した「発達の最近接領域」が挙げられます。これは、子どもの持つ力のみで問題を解決できる「今日の発達水準」と、大人や年上の子ども達からの助言があれば解決できる「明日の発達水準」という概念を用い

て、子どもの発達を説明する理論です。明日の発達水準は他者との相互作用の上で出現するものですが、レディネス形成前に働きかけることによって、まだ発揮されていない力を引き出すという、積極的な教育を支持する概念と言えるでしょう。

### ワンポイントレッスン

　成熟優位説は、人間は環境の影響を受けながら発達していくとする「学習優位説」と相反する立場であり、生まれつき持っている遺伝的なものが自律的に発現するという考え方です。

　ゲゼルは生後46週目の一卵性双生児を対象にした階段昇りの研究で、一方の赤ん坊には毎日階段昇りの訓練をさせ、もう片方の赤ん坊には特に刺激を与えずに過ごさせました。6週間後、訓練された赤ん坊は、数段を26秒で登るのに対し、されていない方は45秒かかってようやく登り切りました。結果だけ見ると、早期に訓練した分の成果が出たと言えるでしょう。しかし、訓練されていない方の赤ん坊ははじめから手助けを必要としなかった上に、その後わずか2週間で10秒ほどで登り切れるようになり、時には訓練された方を追い越すほどの結果を出したのです。

### 覚えておきたいターム
☑ゲゼル,A.L.　☑成熟優位説　☑学習　☑ヴィゴツキー,L.S.
☑発達の最近接領域　☑学習優位説

## 時期が来れば力は自然と発揮される

# 058

## 愛着

　生理的早産の状態で生まれてくる人間の乳児にとって、特定の人に愛着を抱き、その信頼関係の中で世話を受けることは、生きていく上で欠かせません。愛着とは、**乳児と特定の対象（主に養育者）との間に結ばれる情緒的絆**であり、後追いや微笑み、泣くなどといった愛着行動によって表現されます。母親は我が子に笑顔で話しかけ、赤ん坊もそれに同調するように手足をバタバタと動かします。こうした母子間の相互交流は「エントレインメント」と呼ばれ、愛着形成のための第一歩と言えます。

　子どもは大体1歳頃までに特定の人に強い愛着を示し、その人が見えなくなると泣いたり怖がったりします。これを「分離不安」と呼び、幼稚園や保育園入園当初の泣きなどとも関係します。乳幼児にとっては当たり前の反応と言えますが、あまりの不安に日常生活を送れないほどになると、分離不安症という疾患として捉えられます。また、乳児のうちに母親から引き離され施設に入ったりすることで生じる「マターナル・デプリベーション」、すなわち母性剥奪という現象も、場合によっては起こります。こうした状況に陥ると、乳児は心理的・身体的発達共に後れを取り、社会的、人格的障害が引き起こされる傾向があります。ボウルビィ,J. は、養育者との早期のやりとりが、乳児が成長していく過程での対人関係においても反映されるとしています。

## ワンポイントレッスン

　愛着は大体3歳前後までに定着しますが、その頃までにはたとえ愛着対象が隣にいなくとも、心の中にその対象を保持することができます。そして、不安になったときにも、「3時にお迎えに来ると言っていた」などとその対象に対して信頼感を持ち、待つことができるようになります。愛着対象をいつでも戻ることのできる「安全基地」とし、そこを拠点に外界の探索を始めることができるのです。

　乳幼児期に築き上げてきた養育者との愛着関係が、ひな型のような形で個人の心の中に形作られたものを「内的作業モデル」と言い、他者をどう理解するか、相手との関係において自分がどのような行動を取るかといった後の対人関係やパーソナリティの基盤となります。幼い頃に肯定的な内的作業モデルを形成した子どもは、その後も安定した対人関係を築き、一方で否定的な内的作業モデルを形成した子どもは、不安定な対人関係を示す傾向があります。子どもが少し大きくなって、母親が外出するといった母子分離を体験すると、子どもは母親の居ないことに大泣きしたり、無関心だったり、母親の帰りを大喜びしたりします。愛着のパターンは人それぞれであり、どのようなモデルが心の中に形成されていて、それをどう表現するかによって対人関係の安定具合をはかり知ることもできるのです。

### 覚えておきたいターム
☑エントレインメント　☑分離不安　☑マターナル・デプリベーション
☑安全基地　☑内的作業モデル

## 愛着の絆はその後の対人関係の基盤となる

# 059
## モデリング

　学習は、自ら直接的に経験したり、模倣した行動が褒められ強化されることで成立すると、古典的な学習心理学では考えられていました。これは学習には報酬が必要であるという考え方と言えます。しかし、社会的学習理論を提唱したバンデューラ,A. は、上記のような**外的強化がなくても、他者を観察するだけで行動を学習することが可能である**と考え、これをモデリングと呼びました。

　ある実験では、大人の乱暴な振舞いを見た幼児は、攻撃的な行動を褒められたわけでもないのに、その後の攻撃的行動が多くなりました。また周囲の他者に限らず、マンガやテレビの登場人物などもモデルとなり得ます。社会貢献で評価されている偉人の小説を読み、人助けをすることが増えるといった例も挙げられるでしょう。単なる模倣は行動を表面的に学習するだけになりやすい一方、モデリングは観察を通じて社会性のある行動を身につけることにもつながると考えられています。

### ワンポイントレッスン

　バンデューラによるとモデリングには3種類の効果があるとされています。1つ目は「観察学習」で、これはモデルの行動を観察して新しい行動を学習することです。会社の上司がいつも5分前行動

をしているのを見て、自分も同じように早めの活動を心掛けると
いった例が当てはまります。

　2つ目の効果は「制止・脱制止」で、すでに学習していた行動を
行わなくなったり、逆にしないようにしていた行動を行うようにな
ることです。例えば、部活の先輩が顧問の顔を見ながら話を聞く姿
を見て、それまでついついしがちだったよそ見をしなくなるのが制
止です。脱制止は、上述の攻撃的行動の実験を例に考えると、普段
親から乱暴しないように言われている子どもが、モデルを見たこと
で攻撃的行動が増えたりすることです。

　3つ目の効果は「反応促進」で、すでに学習していた行動がより
頻繁に行われるようになることです。もともとゲームが好きな子が、
親戚のお兄さんもゲームをずっとやっているのを目にして、ゲーム
をする時間が一層増えるという例が挙げられます。

　モデリングが生じる上で最も重要な機能は「代理強化」です。自
分に直接の強化が与えられなくても、強化を受けたモデルと同じよ
うな行動の変化が生じる点が特徴です。会社の同僚が上司に叱られ
て正しい言葉遣いをするようになって褒められたのを見て、自分も
きちんとした言葉遣いをするようになるといったことが代理強化に
当たります。

## 覚えておきたいターム

☑模倣　　☑社会的学習理論　☑外的強化　☑観察学習
☑制止・脱制止　☑反応促進　☑代理強化

> ## 学習は他者の行動を観察するだけでも成立する

# 060
## 心の理論

### 解説

　人は３歳から４歳くらいになると、自分と他者の心の状態を区別したり、内的な世界と外的な世界との区別をしたりすることができるようになってきます。そして、両者の区別がつくようになることで、他者の視点や考えを理解し、行動を説明したり推測したりすることができるようになります。こうした**自分や他者の心に関する理解と推論の枠組み**を心の理論と呼びます。

　多くの子どもは一般的な発達の過程とされる定型発達をたどり、直感的に心の理論を獲得していきますが、**自閉症的な性質を持つ子どもは異なる発達経過をたどる傾向があり、心の理論の獲得が難し**いと言われています。自閉症ではなくても、自閉症的な性質を部分的に持つ子どもの場合は、言葉がしっかりと発達した後に、知識や言語による論理的な推測を重ねて、他者の心や行動の理解をしていく傾向が見られます。自閉症やその性質を持つ子どもたちは、定型発達の子どもたちとは、脳の異なる部分を使って他者の心や行動の理解をしていることが明らかになっています。

### ワンポイントレッスン

　人の行動は、その背後に「心」が存在しています。ここでいう心とは、感情的なものだけでなく、その人なりの目的や意図、信念、知

識なども指します。私たちが、他者の行動の理由を解釈したり、推論したりできるためには、目には見えていなくても、自分とは違うその人なりの心があることを理解し、他者の行動がその心に基づいて行われていると知っていることを前提とします。

　心の理論を理解できているかを確かめる方法として、マクシ課題、サリーとアンの課題、スマーティ課題のような「誤信念課題」があります。いずれの課題でも、被験児が知っている事実と他者が知っている事実は違い、他者は他者の心に基づいて行動することが理解できていなければ、課題を通過することができません。定型発達の子どもたちは、この誤信念課題を4歳頃から次第に通過し始めていくのに対し、自閉症的な性質を持つ子どもたちの中には、9～10歳頃になってようやく通過する子もいると言われています。

　心の理論を獲得すると、子どもたちは自分と他者の心が違うというだけでなく、他者の欲していることや、他者の気持ちを理解しようとする行動が芽生えてきます。例えば、子どもが使っていた玩具を横取りされたら、その子はどんな気持ちになるだろうと他者の視点を想像するようになります。また、愛犬を失って泣いている友達を見て、「きっと悲しいだろう」と感情的な理解を示す共感性が芽生えたり、背中をさすってあげたりするようになってきます。これらが、子どもの社会性の発達や、愛他的行動につながっていきます。

## 覚えておきたいターム
☑他者の視点　☑自閉症　☑誤信念課題　☑共感性　☑社会性

---

### 他者の心を思い描けるかどうか

---

# 061
## 自閉症スペクトラム障害

### 解説

　自閉症は、**社会性の障害、コミュニケーションの障害、想像力の障害を主な特徴とする発達障害の一種**です。近年では、自閉症とは言えないものの、その性質を部分的に持ち、日常生活で何らかのやりづらさを感じる人たちも含めて自閉症スペクトラム障害と捉えるようになってきています。この自閉症的な性質は、実生活の場面で次のような特徴となって現れます。

　社会性の障害については、視線が合わない、他者の表情を読めない、他者の視点を理解しにくく相手の気持ちに気づけないなどが挙げられます。元々人よりも物に関心が高いことが多く、他者と関わったり、対人関係を築いていたりする上で必要なスキルの獲得に困難を抱えがちです。結果として友人を作れない、周囲の人とトラブルになりやすいといった傾向があります。

　コミュニケーションの障害としては、ジェスチャーなどの非言語的なやり取りが難しかったり、言葉の意味はわかっていてもその意図が理解できないことが挙げられます。幼児期に言葉の発達が遅れることも多く、これがコミュニケーションの障害の一因となります。しかし、自閉症スペクトラム障害と診断される人の中には、言葉の遅れを伴わないケースもあります。

　想像力の障害には、物事の見通しを立てにくいことや、推論が苦手であることが含まれます。それゆえに、特定の習慣や予定の変更

に大きな不安を感じやすく、変化への対応が苦手だったりします。そのことが、興味の幅が狭く広がりにくいことや、こだわりとなって現れます。同じ行動やしぐさを何度も繰り返すことも特徴の1つです。

## ワンポイントレッスン

自閉症スペクトラム障害は、かつては親の育て方や関わり方の結果であると誤解を受け、多くの親が非難を受け、悩まされてきました。しかし、現在では**先天的な脳の機能障害である**ことがわかっています。したがって、その症状の多くは育て方にかかわらず乳幼児期から学童期前後までの幼い頃に現れるとされています。近年、「大人の発達障害」という言葉が知られていますが、これは、大人になってから発症したというわけではなく、子どもの頃から症状はあったものの、大人になって初めて診断されたケースと考えられます。

自閉症スペクトラム障害には、当事者自身のスキル向上を目指す療育的アプローチと、周囲の理解を得て対応に配慮する環境調整の2本柱で支援を行います。早期発見、早期療育が有効で、その後の社会への適応が大きく異なると言われています。

### 覚えておきたいターム
☑自閉症　☑社会性の障害　☑コミュニケーションの障害
☑想像力の障害　☑脳の機能障害

---

## 自閉症は後天性ではなく先天性の障害

---

# 062
## 学習障害

### 解説

　学習障害とは、視覚、聴覚、運動の障害がなく、全体的な知的発達にも遅れがないにもかかわらず、**聞く、話す、書く、計算するなどのうち、特定のものに著しい困難を示す発達障害**を言います。このうち、文章を読むことに困難を示すものを「読字障害」、書字のルールに則って言葉を書くことが困難なものを「書字表出障害」、計算に困難をきたすものを「算数障害」と言い、大きくこの３つに分類されます。

　学習障害は、学校での勉強が遅れるなどして子どもの頃に発見されることが多いため、親が小さいうちから文字を教えなかったからではないか、本人の努力が足りないからではないかなどと誤解をされがちです。しかし、このように環境的な要因での学習の遅れや、文化的、経済的な理由での勉強の苦手さは学習障害には含まれません。学習障害の原因としては、脳の中枢神経系の機能に何らかの障害があるのではないかと考えられています。

### ワンポイントレッスン

　定型発達の幼児では、一般的に４〜６歳頃に文字を覚え始めますが、最も早い場合では、この頃から文字や数字に関心を示さないなどの形で学習障害の症状が現れることがあります。多くは、小学生

になり、いくら勉強しても、ひらがな、カタカナ、漢字を覚えられない、特殊音節（っ、ゃ、ゅ、ょ、など）で混乱する、音読ができない、行を飛ばして読む、数の大小がわからない、計算ができないなどの困難を抱えるようになります。

　こうした困り感は、高校、大学など成人に近づいても、自然と改善されることは期待しにくく、学校で勉強を続けていくこと自体にも影響が出てしまいます。また、社会人になれば、業務に必要なメモをとる、書類の作成でつまずいてしまう、資料を読み飛ばしてしまう、読むことに時間がかかりすぎてしまう、売上の計算を間違うなど、業務上の種々の面で困難を抱えることがあります。

　学校生活では、板書の量を減らす、連絡帳を付箋にする、教科書にスラッシュを入れたり丸で言葉を囲むなどの記号を使用するといった対応で負担を減らすと同時に、特殊音節に特化した書字、読字の練習や、音と文字を結びつける練習などに取り組むことで、学習障害の改善を図ることができます。社会生活における対応としては、パソコンや音声認識ソフト、ボイスレコーダーなどを用いて、聞いたことのメモを取れなければ録音をする、書き写しが困難であれば書類の写真を撮る、音声読み上げ機器を使うなどの手法で学習障害の困難を乗り越える工夫がなされています。苦手な学習分野については、それを補う方法やツールの使い方を学ぶことが有益です。

### 覚えておきたいターム
☑知的発達　　☑読字障害　　☑書字表出障害　　☑算数障害

---

## 勉強をさぼっているわけではない

---

# 063
# ADHD

　ＡＤＨＤ（注意欠如・多動性障害）は、**多動性、衝動性、不注意を基本的な特徴とする発達障害**の１つです。落ち着きがない、過度に動き回る、思いつくとすぐ行動に移す、集中しにくく注意散漫であるなどの症状から、集団生活を始める児童期や学童期前後で表面化することが多い障害です。中には、多動性の目立たないタイプや不注意が非常に目立つタイプなどがあり、症状はさまざまです。

　原因は、脳機能や遺伝に関わる要因が関係していると考えられていますが、はっきりとは解明されていません。一般的なＡＤＨＤの支援では、行動療法やソーシャルスキルトレーニングなどを行います。場合によっては、薬物療法を行うこともありますが、いずれにせよ症状をコントロールするだけでなく、本人の特性に合った環境を整えることが大切です。

## ワンポイントレッスン

　ＡＤＨＤを持つ人の発達を見ていくと、乳幼児期には１つの遊びに集中できない、過度に動き回るなどの様子が見られます。集団生活を始める頃になると、教室の中を走り回ってしまう、列に並んで待っていられず飛び出してしまう、手を挙げる前に次々と発言をしてしまう、課題に集中できずすぐに注意がそれてしまう、言われた

ことを覚えられず間違った行動をしてしまう、忘れ物が多いなどが目立って見られるようになります。学童期では、これらの問題から周囲に叱られることが非常に多くなり、自信を失ってしまったり、過度に反抗的になってしまったりすることもあります。

多動性は、思春期以降になるとおさまる傾向があり、大人になれば改善されるものと考えられてきましたが、近年では「大人のＡＤＨＤ」も話題となっています。たとえ顕著な多動の症状は落ち着いたとしても、衝動性や注意力・集中力の欠如は残る可能性があると理解されるようになってきたのです。実際、ＡＤＨＤの症状を示した子どものうち、70〜80％が、大人になってからも何らかの症状を持続的に示すというデータもあります。子どもの場合と同様に、ＡＤＨＤの症状により対人関係や仕事に支障が生じたり、自信を失って心身の不調を起こしたりする傾向が見て取れます。

ＡＤＨＤを持つ人の多くは、叱られながらもなぜ自分が行動を改善できずに、同じことを繰り返してしまうのかと悩んでいます。周囲の人々は、まずＡＤＨＤの特徴を理解し、彼らの言動に悪気がない場合が多いことを知るだけでも大きな支援になります。また、集中力を要する作業は任せない、大事な日や大事な持ち物がある時にはさりげなく声かけをするなども、彼らの助けになるでしょう。

### 覚えておきたいターム

☑多動性　☑衝動性　☑不注意　☑行動療法
☑ソーシャルスキルトレーニング

> 思い立ったら止められない

# 064

## 動機づけ

### 解説

　人は何らかの意図をもって行動しますが、その**行動をある一定の方向に生じさせ、持続させる過程**を動機づけといいます。人の行動を喚起する要因は「動因」と「誘因」の2つに分けられます。空腹やのどの渇き、体温調節の欲求などといった個人の内側から生じる要因が動因、食物や金銭など外界に存在し行動を誘発する刺激が誘因です。

　これらは切り離して考えられるものではなく、それぞれが相互に影響し合うことで動機づけが成立します。例えば、「目の前の美味しそうなごちそうを食べたい」という欲求は、「美味しいものでお腹を満たしたい」という動因と、誘因であるごちそうの存在の上で成立します。それでは、ダイエット中の人が、目の前の美味しそうなごちそうがあっても、ダイエット中なので食べないという場合はどうでしょうか。そこには、「減量してより健康的な体になりたい」という動因がありますが、目標と誘惑との間に葛藤が生じるため、自分の行動を制御するという自己統制のプロセスが必要になります。

　動機づけにも、「外発的動機づけ」と「内発的動機づけ」の2種類があります。金銭や地位、名誉など、何らかの報酬を得たいがための行動は、外発的動機づけによるものと言えます。一方で、個人の興味や関心、それらを満たすことへの好奇心や喜びを動機とする自発的な行動は、内発的動機づけによるものです。

## ワンポイントレッスン

　子どもに勉強の習慣を身につけさせようと、「ドリルを 1 ページ
したら、飴玉を 1 つあげる」のように褒美を与えて取り組ませるこ
とは、よく耳にする事例です。これは、外部からのコントロールを
受けているという点で、外発的動機づけに分類されます。では、子
どもは飴玉をもらったことで、今後はより一層勉強に励むことがで
きるでしょうか。その子が勉強に取り組んでいたのは飴玉をもらえ
るという外的な力によって行動を促されたからであり、今後も褒美
がなければ自主的な学習は期待できないことが予想されます。

　一方、子どもが興味や好奇心を持って、何かを調べたり、学んだ
りすることは内発的動機づけによるものですが、その際に他者が褒
美を与えると、成果が落ちてしまうことがわかっています。これを
「アンダーマイニング効果」と言い、本来自らの好奇心を満たすた
めの行動であったものが、報酬を受けることによって、外部から促
されているものであると取り違えてしまうことが 1 つの原因となり
ます。ボランティア活動や自己研磨のための研修の際に、金銭など
の報酬が与えられても同様のことが起こり得ます。しかし、「頑張っ
てね」「君がいてくれて助かるよ」といった言葉による励まし、つま
り言語的報酬に限っては、内発的動機づけを高めるとされています。

### 覚えておきたいターム
☑動因　　☑誘因　　☑外発的動機づけ　　☑内発的動機づけ
☑アンダーマイニング効果

---

# 報酬は時として好奇心を損なわせてしまう

---

# 065
## 欲求の階層説

### 解説

　マズロー,A.H. は、人間が持つ基本的な欲求に大差はなく、一定部分は共通しているとし、欲求階層説または自己実現理論を提唱しました。右ページの図において、生理的欲求は最も低次に位置しますが、その部分がある程度満たされると、次の段階である安全欲求が現れます。つまり、**我々は自己実現に向け、絶えず欲求を満たしていくことになります。**

　「生理的欲求」は、生きるための源ともなるもので、食欲、睡眠欲、性欲などが含まれます。

　「安全の欲求」は、身の安全や安定に対するものであり、雨風から身を守る家、何かしら仕事を与えてくれる職場などを手に入れようとすることです。

　「所属と愛情の欲求」では、ただ帰る家がある、どこかの集団に属している、といったことだけでなく、愛情のある家庭に身を置きたい、友人に歓迎されたい、などといった人や場所との情緒的なつながりを求めることを言います。

　「自尊と承認の欲求」は、自己に内在する能力を認めたり、それを他者からも認めてもらったりすることで、満たされていきます。地位や名誉を得たりすることもその一例です。

　そして、最終段階である「自己実現の欲求」は、自分に適した生

き方、職業を探求し、自分がなり得るすべてのものになり切るというものです。マズローは、**他の段階すべてが満たされていても、自己実現の欲求が実現されない限り、不満は生じてくる**と説きました。

マズローの欲求５段階説

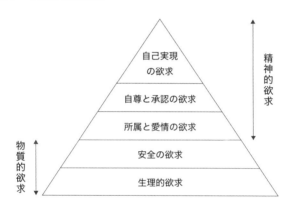

### ワンポイントレッスン

　欲求階層説は、企業における従業員の動機づけや満足度の向上にも応用されており、研修先などで耳にしたことがある方も多いのではないでしょうか。ピラミッドの下から１、２段目に位置する生理的欲求および安全の欲求は、先進国で働く者においてはほぼ満たされていると言えます。そこで、職場においてフォローされるべき項目は上位３段に位置する精神的欲求とされるものであり、中でも所属と愛情の欲求および自尊と承認の欲求は、家族や組織での人間関係からも影響を受けることがあります。

　所属と愛情の欲求では、家庭では家族との関係性、職場では上司

と部下、もしくは同期間での人間関係などによってその満足度が左右されます。仕事から家に帰っても、家族とのコミュニケーションもなく家庭で孤立していたり、職場で上司から存在を認められずに叱責ばかり受けていたりすると、所属と愛情の欲求は一向に満たされることはありません。また、バックヤードでの仕事が多いと、その努力が周囲になかなか伝わらないケースもありますし、一人で仕事を抱え過ぎている場合にも同様のことが言えるでしょう。励ましや労いの言葉なくしては自尊と承認の欲求はなかなか満たされず、達成感を得られない、認められていないと感じてしまうこともあるでしょう。

　最終的な目標としては、従業員それぞれの自己実現の欲求を満たすところにありますが、それを保証することは容易ではありません。そうした場合、最終的な目標を知ることからはじめ、その達成に向けて他の段階でのフォローを行うだけでも、従業員の満足感の向上につながるでしょう。


　ちなみに、マズローは晩年に自己実現よりもさらに高度の欲求として、「自己超越の欲求」があると唱えました。自分自身という自然の本性を超越して、宇宙の神秘性や社会的使命感、宗教の世界といった大いなる存在を求めようとする段階を意味していて、その概念は人種、性別、思想などを超えて人間や世界を捉えるトランスパーソナル心理学の源流となりました。自己超越の欲求で鍵となるのが、「利他性」というキーワードです。つまり、下位段階に見られるような、誰かとつながりたい、他人から認められたいといった利己的な動機ではなく、他者や社会に良い影響を及ぼし、目標に向かってひたむきに努力し行動し続ける領域と言えるのです。

　さらに、フランクル, V.E. は人間の本質とは自己実現ではなく自

己超越性にあり、自己超越を志向する過程において自己実現を得ることができるとしています。見返りを求めずに他者や自己を超えた存在に献身し、奉仕し、愛情を注いだその先にこそ本当の生きがいがあるのかもしれません。

**覚えておきたいターム**
☑マズロー,A.H.　☑自己実現理論　☑生理的欲求　☑安全の欲求
☑所属と愛情の欲求　☑自尊と承認の欲求　☑自己実現の欲求

> ## 人は愛され、認められることで満たされていく

# 066
## ソーシャルスキルトレーニング

### 解説

　人は自らが属する社会の文化や規則に応じて、適切な行動を取ることが求められます。この適切な行動を取る技能を「ソーシャルスキル（社会的スキル）」と呼びます。ソーシャルスキルトレーニングは、**ソーシャルスキルや効果的な対人行動を学ぶことで、不適切な行動を修正し、対人関係の課題をより適応的な方向に導いていこうとする治療技法**です。認知行動療法の技法の1つに分類されることもあり、行動療法の諸理論やオペラント条件づけ、認知行動理論などを背景に発展してきました。

　当初、統合失調症やうつ病患者の対人行動の改善を目的として始まったソーシャルスキルトレーニングは、現在でも精神科でのリハビリテーションにおける有効な技法として活用されています。また、近年では学習障害や自閉症などの発達障害や、知的能力障害の人々の抱える対人関係の課題を改善する目的で、幼児から大人にまで幅広く適用されています。

### ワンポイントレッスン

　私たちは、幼い頃から集団の中で他者とのコミュニケーションを経験し体験することで、社会に参加するためのルールやマナー、他者とのやり取りの中で生じる感情コントロール、提案や主張、共感

の方法などを学びます。しかし、中には病気や障害によって、こうした社会的なスキルや対人行動を自然と身につけたり維持したりすることが難しい人々がいます。そのため、設定された空間の中で、社会で求められるスキルを学び、体験し、身につけていこうとするのがソーシャルスキルトレーニングの試みです。

　例えば、友人に映画に誘われたもののその映画に興味がない場合、どのようにふるまうのが私たちの社会では適切と言えるでしょうか。「私の趣味ではないから行きたくない」と断るのか、「別の予定がある」と濁すのか、我慢して付き合うのか、誘われた映画を酷評するのか、私たちは相手との関係性や状況など多くの情報を総合的に捉え、自らの行動を決定します。どれも間違いではないでしょうが、多くの人に受け入れられやすい返答の仕方はあるでしょう。

　映画の誘いを無下に断るのも、嫌々付き合うのも、ストレスが生じるためあまり望ましい反応とは言えません。相手の気持ちや立場を尊重しながらも、自分の状況や思いをきちんと伝えられると、自分も相手も嫌な思いをしないで済む可能性が高くなります。これはアサーティブな反応と呼ばれ、そのような振舞いを身につけるためのアサーショントレーニングというものもあります。アサーティブな反応を意識しながらソーシャルスキルトレーニングを行うと、適切な行動が何かを理解しやすくなり、スキルとしても獲得しやすくなります。


　ソーシャルスキルトレーニングでは、こうした題材を取り上げ、役割演技や模擬練習を行う「ロールプレイ」、トレーニングの内容に対して肯定的な評価や共感的な支持を与える「フィードバック」などを通して、体験的に学んでいく手法が多く取り入れられています。

アサーションとは、相手を尊重しつつ自分のことも大切にし、自らの主張を
適切に行っていく技法のことです。アサーショントレーニングとは、日々の
コミュニケーションを通して、「私は」を主語にして伝えるⅠメッセージや相
手の意見をすくい上げる技法であるＤＥＳＣ法を用いて、アサーションを身
につけていく訓練のことです。（P206 参照）

**覚えておきたいターム**

☑ソーシャルスキル　　☑認知行動療法　　☑オペラント条件づけ
☑コミュニケーション　　☑アサーション　　☑ロールプレイ
☑フィードバック

その社会においてより適切な行動とは？

# Chap.6 自己

自分とは何かを知る

# 067
## 自己概念

### 解説

　自己概念とは、**イメージとして持っている自分自身の特徴**のことです。自身の特徴には、性格や考え方、好きなものと嫌いなものなど、多くの要因が含まれます。自己概念はこれまでの経験や認識した事柄によって作られていきます。自己概念は流動的であり、新しい経験や他人からのフィードバックによって変化します。「辛いことを乗り越えたら自信がついた」「心理テストで自分の新しい一面を知った」といった事象が起こると、その前後で自己概念が変化します。

　自己概念は、あくまで主体的なイメージです。そのため、世間や周囲の人たちが抱いている自分自身のイメージを表す客観的な自己は必ずしも考慮されません。また、現実の自分に基づいて作られるので、目標とする自己を意味する理想自己とは異なります。自己概念と客観的な自己と理想自己の間には、多少のズレが生じていることもあります。しかし、自己概念とその他2つの自己との乖離が慢性化すると、各種の精神疾患の原因にもなり得ます。

### ワンポイントレッスン

　自己概念と客観的な自己や理想自己との差が埋まらない状態が続くと、メンタルの不調を引き起こすことがあります。理想の自分と現実の自分のギャップに悩んでいる人は、少ないとは言えません。

また、客観的な自己への理解が大きく欠落している自己概念は、周りの人達とのトラブルの引き金になる可能性があります。加えて、自己概念には、過去の出来事や今までの思考によって自分自身のイメージが形成されるという受け身の側面だけではなく、自己概念に合う側面をより意識する、および、自己概念に即した言動をするように自己に働きかけるという能動的な側面もあります。そのため、自己概念を修正しないと、自己概念と2つの自己の差がますます広がるという事態が生じることがあります。例えば、自分の性格は優しいという自己概念を持っている人達の中には、友人や恋人に優しくしていることは明確に意識している一方、関わりの浅い人や自分と相性が悪い人達には怒りっぽくなっている一面をほとんど意識していない人もいます。つまり、私は優しいという自己概念に合わない言動には目が向いていないのです。

　**心身ともに健やかな生活を送るためには、自己概念・客観的な自己・理想自己の3つのバランスを保ち続けることが重要です**。そのためには他人の意見や評価に耳を傾ける、目標や将来像を見直すといった方法が有効ですが、「セルフ・モニタリング」も効果的な手法の1つです。セルフ・モニタリングとは、自身の思考や言動、感情を自分で観察して記録することです。文字や映像を通じて自分が浮き彫りになるので、自己概念の理解がより深まります。

**覚えておきたいターム**
☑客観的な自己　　☑理想自己　　☑セルフ・モニタリング

## 不調の原因はセルフイメージのズレにあり？

脳・感覚・知覚

認知

学習

社会

発達

自己

臨床

調査・統計解析

# 068
## 自尊感情

### 解説

　自尊感情とは、**自分は基本的に良い人間で価値のある存在と思える感情**のことです。「自尊心」とも言われており、自分自身の評価に関する感情の1つです。「今の私で大丈夫だ」「私は周りの人達から大切にされている」と感じている人は、自尊感情が高いです。一方、自尊感情が低下すると「私は悪人である」「私には存在価値がない」と感じることがあります。

　ローゼンバーグ,M. によると、自尊感情には2つの意味があります。1つ目は「とても良い」という感情であり、優越性や完全性の感情と関連します。他者との比較が根底にあり、自分は他者よりも優れているという感覚につながります。2つ目は「これで良い」という感情です。自分が設定した基準に照らして自身を受容するという考え方なので、仮にすごく優れた所が特にない平均的な人間であっても、肯定的に自分自身を受け入れることができます。

　1つ目の意味の自尊感情は、時として社会不適応につながります。例えば、優越感が強すぎる人は他人からのアドバイスにあまり耳を傾けないことがあります。また、他人の方が自分よりも劣っているという感覚は傲慢な言動につながる可能性があります。周囲と比べるのではなく、自己を土台として2つ目の意味の自尊感情を育むことが重要です。

## ワンポイントレッスン

　「これで良い」という感情を含んだ自尊感情が社会適応には欠かせません。自尊感情が低い人は、感情的に不安定になりやすい傾向があるとされています。また、学校生活や仕事、対人関係で消極的になることもあります。

　自尊感情の高低を考える概念の1つにジェームズ,W. が導き出した「自尊感情＝成功／願望」という公式があります。自己評価が高いほど、自尊感情も高くなります。彼は実際に成功したかどうかよりも、**本人の望みがどれくらい叶えられたかによって自尊感情の高低が決まる**と考えました。仕事に関する自尊感情を考えてみましょう。仕事がどれだけできるか、あるいは役職や年収といった要因などが成功になり得ます。一方、願望は仕事で得たいものや職場で目指している立ち位置になります。例えば「お客様の笑顔が見たい」は仕事で得たいものに分類されます。また、「部長になりたい」は職場で目指している立ち位置に区分されます。本人の願望と成功が一致するほど、自己評価が高くなって自尊感情が高まります。

　自尊感情を高めるためには、自分を知ることが必要不可欠です。周囲の人達や社会の見解を踏まえることも大切ですが、**自分なりの基準を持つことが一番大切なのです。**

### 覚えておきたいターム
☑ローゼンバーグ,M.　　☑「とても良い」という感情
☑「これで良い」という感情　　☑自尊感情＝成功／願望　　☑自己評価

> # 「これで良い」という自分なりの基準を持つ

# 069

## 自我同一性

### 解説

　自我同一性とは、**自我によって統合されたパーソナリティと社会との関わりを説明する概念**のことです。エリクソン,E.H. が提唱した概念であり、「アイデンティティ」とも言われています。

　人間の自我は親や友人、教師といった他者との対人関係を通じて発達します。自身のパーソナリティと「学生としての自分」「男性(女性)としての自分」といった社会における自分の役割をすり合わせることで、社会生活に適応します。自我同一性が確立されるにつれて「これこそが自分自身である」といった実感が徐々にわいてきます。

　自我同一性は自身の存在意義に関わります。そのため、明確な自我同一性を有していれば、将来への不安や人生に対する無気力を感じる機会は減ります。しかし、自我同一性の獲得に失敗した状態、つまり自分の社会的位置づけを見失ってしまったような状態になると、後先を考えずに自滅的になる、選択や決断ができずに引きこもるといった問題が起こる可能性があります。この状態は「自我同一性拡散」と言われており、一生の課題となります。

### ワンポイントレッスン

　自我同一性の獲得と維持は一生の課題ですが、アイデンティティに最も焦点が当たる時期は青年期です。エリクソンの心理社会的発

達理論によると、青年期の発達課題は「自我同一性 対 自我同一性拡散」とされています。

　青年期に次いで自我同一性の問題がクローズアップされる時期は中年期です。生涯発達について研究した心理学者のユング,C.G. は、中年期を人生の正午であると考えました。そして、成人前期から中年期に転換する時期に人生最大の危機が生じると述べました。

　中年期の目安は30代前半から40代後半になりますが、心身と環境の変化が訪れやすい時期です。例えば「体力が落ちて20代よりも疲れやすくなった」「若いときよりも頑固になった」などの心身の悩みは中年期で最も生じやすくなります。また、「会社で出世して役職がついた」「キャリアアップを図るために転職した」といった仕事上の変化も中年期で頻発します。加えて「結婚して子どもができた」「仕事と育児の両立が難しい」という変化を中年期で抱える人も多いでしょう。これらの変化が生じると、社会が自分に求める役割も変わるため、中年期は自我同一性が揺らぎやすいとされています。

　自我同一性拡散の危険は、自身や周囲の環境が変わる度に生じます。**一度獲得した自我同一性に固執することなく、変化に応じて自分のアイデンティティを見直していくことが大切です。**

覚えておきたいターム
☑エリクソン,E.H.　☑アイデンティティ　☑自我同一性拡散
☑ユング,C.G.

## 変化に応じてアイデンティティの見直しを

# 070
## ライフサイクル論

解説

　ライフサイクル論とは、**エリクソン,E.H.** によって提唱された人間が生まれてから死ぬまでの発達を段階ごとにまとめた理論のことです。ライフサイクル論には、人間は誕生から死まで生涯をかけて発達する存在であるという前提があります。この考え方を「生涯発達」と言います。

　エリクソンのライフサイクル論では、一生は「乳児期」「早期児童期」「遊戯期」「学齢期」「青年期」「初期成人期」「成人期」「成熟期」という8つの段階に分類されます。それぞれの発達段階において、乗り越えるべき発達課題があります。エリクソン以外にも、ユング,C.G. が生涯発達について述べていますが、ユングは人間の人生を4段階に分けて理論を構築しています。

　また、ライフサイクル論には、人間は社会的な生物であり、人との関りの中で生きているという観点が含まれています。例えば、エリクソンは学齢期の発達課題として「勤勉　対　劣等感」を挙げています。学齢期は、勉学やスポーツを通じて他の児童と関わる時期であり、自分が得意なことや苦手なことが徐々に明らかになります。自分ができることを増やし、伸ばしていくことで自信や自己効力感を身につけていくことが課題だと言えます。一方、身につけるべきことが増える中で、それがうまく行かないと周りと比べてしまい、劣等感が形成されやい時期でもあります。成人期の発達課題として

は「生産性　対　停滞」が挙げられています。この時期は、勤めている会社において後継者を育成することや、次の時代を担う子どもや後輩たちに教育を施す役割を期待されることが増えます。そうした課題に取り組むことが自身の成長のきっかけになり、社会的な評価にもつながっていくと考えられています。それまでに培ってきた知識や経験を後の世代につないでいくことが上手くできないと、独善的になったり、周囲との関りがうまくいかなくなったりしがちです。そうなると仕事がすごくできたとしても人との関りは希薄になり、どこか気持ちが塞いだ停滞した状態に陥りがちになります。

| 年齢 | 時期 | 発達課題 |
|---|---|---|
| 0歳〜1歳半 | 乳児期 | 基本的信頼　対　基本的不信 |
| 1歳半〜3歳 | 早期児童期 | 自律性　対　恥と疑惑 |
| 3歳〜6歳 | 遊戯期 | 自発性　対　罪悪感 |
| 6歳〜12歳 | 学齢期 | 勤勉　対　劣等感 |
| 12〜20歳 | 青年期 | 自我同一性　対　役割拡散 |
| 20〜40歳 | 初期成人期 | 親密さ　対　孤独 |
| 40〜60歳 | 成人期 | 生産性　対　停滞 |
| 60歳以降 | 成熟期 | 自我統合　対　絶望 |

### ワンポイントレッスン

　エリクソンのライフサイクル論は、心の発達に焦点を当てて人間の成長を捉えています。ライフサイクル論は応用が利く考え方であり、心理的発達とは異なる観点に用いられることもあります。

　経営学の教鞭をとっていたスーパー,E.D.はライフサイクル論の概念を用いて職業的発達段階理論を提唱しました。彼の理論による

と、個人のキャリアは人々が生涯にわたって追求し、社会的に占めている地位・業務・職務の系列をまとめたものと定義されます。そして、個人のキャリアを２つの視点から考えました。

　１つ目の視点はライフステージです。これは、エリクソンの８つの段階と似ています。職業的発達段階理論では、「成長段階」「探索段階」「確立段階」「維持段階」「下降段階」の５つがあります。それぞれの段階には課題があり、課題に取り組むことを放棄すると、後の段階での課題達成が困難になるとされています。

　また、２つ目として挙げられている視点はライフロールです。これは、人間の社会における役割を示しています。ライフロールは、①子ども、②学生、③職業人、④配偶者、⑤家庭人、⑥親、⑦余暇を楽しむ人、⑧市民の８つです。人によってライフロールの数は異なります。そして、自分が所属するライフステージとライフロールを確認することがその後のキャリア設計に役立ちます。

　30代の男性を例に考えてみましょう。30代のライフステージは確立段階になります。確立段階の課題は、希望の仕事をする機会を見つけて他者と関わり、職業的地位の安定を築くことですが、ライフロールによっては課題達成が困難になることがあります。例えば、ライフロールとして「親」がある場合、子どもの世話や経済的事情で自分がやりたいことに時間を割く余裕がないこともあります。一方、40代後半の女性の場合、築き上げた職業的地位などを保つことが課題となる維持段階がライフステージになります。ライフロールとして「配偶者」を有していると、夫の親の介護をする、および、夫の転勤についていく形で引っ越すといった役割を求められることもあるため、課題達成に頭を悩ます人も少なくありません。

　人間は社会とのやり取りを通じて成長します。年齢などの生物学的要因と自身が社会から求められていることといった社会的要因を合わせて考えることが大切です。

**覚えておきたいターム**

☑エリクソン,E.H.　☑生涯発達　☑発達課題　☑ユング,C.G.
☑スーパー,E.D.　☑ライフステージ　☑ライフロール

> ## 各ライフステージで乗り越えるべき課題が存在する

# 071
## 自己効力感

**解説**

　自己効力感とは、**自分自身への信頼感や有能感**のことです。バンデューラ,A. によって提唱された概念であり、自己効力感があるというのは、その時々の状況で必要な行動を自分の力で遂行できるはずだと、自らの可能性を認知している状態を意味します。「セルフ・エフィカシー」とも呼ばれており、自己効力感が強いほど対象の行動を自分でコントロールして完遂できる傾向にあります。

　バンデューラは、行動が遂行される先行要因として「結果予期」と「効力予期」の２つを想定しました。結果予期とは、行動によって生み出される結果を推測することです。一方、効力予期とは、自分が望む結果を出すために必要な行動を行うことができると確信を持つことです。自己効力感は、効力予期をどの程度持っているかで決まってきます。

　自己効力感と似た言葉として自尊感情（自尊心）がありますが、心理学では両者を明確に区別します。自尊感情は感情に焦点を当てていますが、自己効力感は認知が重要な概念になります。つまり、**自己効力感の高低は自身の考え方やこれまでの経験によって決まります**。

## ワンポイントレッスン

　バンデューラは、自己効力感の源になる要因として「達成経験」「代理経験」「言語的説得」「生理的情緒的高揚」「想像的体験」を挙げています。最も影響が大きいとされている要因は達成経験です。

　ある資格試験に何回も落ちている場合、該当の資格を取得するための勉強時間は徐々に減っていく傾向にあります。この現象は、資格試験に合格するという達成経験の欠如によって自己効力感が低下したことが一因で起こります。しかし、実際には勉強を積み重ねて難関と言われている資格試験を突破する人もいます。「根気がある」といった意見もありますが、試験に受かるというモチベーションを維持したことも合格する理由の1つでしょう。自己効力感とモチベーションには関連があるため、自己効力感を高める工夫を取り入れるとモチベーションを維持することができます。例えば、模試で合格ラインに達することは、疑似の達成経験を得たことにつながります。また、資格試験に合格した人の勉強法と同じ方法で勉強に励むことは代理経験の一種に分類されます。このようにして、自己効力感を高めてモチベーションを維持するというサイクルを作ることによって、合格という結果が得やすくなります。

　感情や性格よりも考え方の方が比較的見直しやすいもの。考え方や見方を適宜修正することで、自己効力感を高めていきましょう。

**覚えておきたいターム**
☑バンデューラ,A.　　☑結果予期　　☑効力予期　　☑モチベーション

## 「自分ならできる」という気持ちを高める

# 072
## コーピング

### 解説

　コーピングとは、**ストレスを感じた時に人が取るストレス反応への対処プロセス**のことです。ラザラス,R.S. が提唱した概念であり、ストレスマネジメントの分野などで多く使用されています。コーピングは個人がとる認知行動的努力と考えられています。つまり、コーピングは認知と行動という2つの側面に分けられるのです。

　コーピングの認知的側面は、「一次的認知評価」と「二次的認知評価」に大別されます。一次的認知評価ではストレスの原因となるストレッサー自体の大きさを評価します。二次的認知評価ではストレス反応が対処可能かを判断します。これらの2つの認知を経て、ストレスに対処するための具体的な行動が発生します。

　私達は、日常生活で生じるすべてのストレスに対して行動という形で対処しているわけではありません。一次的認知評価において、「このストレッサーは自分とは無関係で害がない」と判断された場合、ストレスを感じることはありません。つまり、具体的な行動に移すことがコーピングのすべてではないのです。

### ワンポイントレッスン

　コーピングのプロセスとして、一次的認知評価で「自分に害があるストレスが発生している」と評価されたときに二次的認知評価が

働きます。二次的認知評価では、ストレッサーへの対処方法と取り得る選択肢の検討が行われます。そして、ストレスを解消するための行動が実行されます。

　社会で広まっているストレス解消法とは、主にコーピングの最終段階である行動を指します。「恋人と別れたからお酒を飲む」といった方法がストレス解消法の具体例になりますが、認知という観点も含めて考えると、コーピングの幅が広がります。

　例えば、「恋人と別れたからお酒を飲む」という行動は、恋人がいないことが自分にとって害であるという前提に基づいて生じます。しかし、恋愛に時間を割くことに大きな価値を置かなければ、一次的認知評価で話が終わる可能性があります。「今は恋愛ではなくて仕事に多くの時間を費やすときである」「恋愛は自助努力だけではどうしようもない縁の力が働いている」といった考え方を持てば、恋人と別れたことがストレスとして認識される確率は下がります。ストレス解消法を増やすことも大切ですが、自身がストレスと感じる現象を見直して、ストレスとして捉えないで済む考え方を身につけることが重要です。

### 覚えておきたいターム
☑ラザラス,R.S.　　☑ストレスマネジメント　　☑一次的認知評価
☑二次的認知評価　　☑ストレス　　☑ストレッサー

## ストレスは捉え方次第

# 073
## 弾力性

　弾力性とは、**強いストレスを受けても立ち直る回復力**のことです。元々は物理学の用語であり、ゴムボールのような物体に圧力をかけた時に元の状態に戻る力を意味します。心理学では、レジリエンスや心の柔軟性といった考え方に弾力性の概念が使われています。

　現代社会では、仕事環境や人間関係などからストレスを受けている人が多いと言われています。真っ先に考えられる効果的な対処策は、ストレスを引き起こす因子であるストレッサーを減らすことですが、嫌いな業務には一切関わらないというわけには中々いかず、現実的ではない方法と見なされることもあります。また、ストレスを避けているだけでは心の成長が滞ります。人はつらいことやできないことを乗り越えて成長するもの。すべてのことを「ストレスになる」と考えて避けることは、成長の機会を奪うことになりかねません。つまり、心身の調子を崩さずに自分を成長させるためには、ある程度の弾力性が必要です。コーピングも重要ですが、ストレスを受けた後に立ち直る力も大切なのです。

　ストレスへの耐久度を示す概念を「ストレス耐性」と言いますが、弾力性とストレス耐性は関連しています。弾力性が弱いとストレス

に対して脆弱になると考えられています。

　弾力性を獲得する方法は、個人によるものと周囲の資源を使うものとの2種類に分けられます。個人で実行可能な方法としては、自尊感情や自己効力感を高めることが挙げられます。職場で難しい仕事を任された時でも、自己効力感が高い人のほうが低い人よりも業務に積極的に取り組みます。

　一方、周りの資源を活用する方法としては、「友人や家族と助け合える関係を維持する」「似たような価値観を持っている人と感情などを共有する」などがあります。周りの資源には、カウンセリング機関といった専門機関だけではなく、自分の身の回りの人達も含まれています。関係性の力が弾力性の強弱と関連していることは、多くの心理学の研究で明らかにされています。友人と喧嘩をした翌日に仕事でケアレスミスをしてしまい、気分が必要以上に落ち込んでしまった、といった経験をした人も少なくないでしょう。このような現象が起こる一因は、周りの資源との関係性が悪化して弾力性が低下したことにあるとも考えられます。

　この時世に、ストレスとまったく縁がない人生を送ることは不可能かもしれませんが、弾力性が十分に備わっていると、多少のストレスでも動じなくなるはずです。

### 覚えておきたいターム
☑レジリエンス　　☑心の柔軟性　　☑ストレス耐性　　☑周りの資源

## 人は逆境をはねのけて成長する

# 074
## 自伝的記憶

### 解説

　自伝的記憶とは、**自分の人生で体験してきた重要なことに関する記憶**のことです。「子どもの頃に食べたあのお菓子が美味しかった」「中学校の部活の顧問の先生が怖かった」といった記憶が自伝的記憶の具体例になります。

　自伝的記憶は、エピソード記憶の一種です。エピソード記憶は、これまでの人生で起こった出来事についての記憶を指しますが、そこには出来事が起きた時間や場所、生じた感情なども入り混じっています。エピソード記憶の中で、**その人にとって特に重要な意味を持っていること、および、自身のアイデンティティ形成の材料になっていることの2点を満たしている記憶**が自伝的記憶になります。自伝的記憶は印象に残った記憶の集まりなので、正確度が高いものもあります。しかし、覚えていることのすべてを鵜呑みにはできません。自伝的記憶は自分の思うように書き換えられる傾向があります。つまり、自分の思い込みによって事実とは異なる記憶になっていることもあるのです。

### ワンポイントレッスン

　自伝的記憶はトラウマとも関連があります。例えば「子どもの頃に牡蠣を食べてお腹をくだした結果、今でも牡蠣が食べられない」

といったことが考えられます。しかし、前述したように自伝的記憶で覚えていることがすべて事実であるとは言い切れません。加えて、自伝的記憶の想起に関しては、過去の出来事をいつでも同じように想起するわけではありません。記憶を思い出す状況やタイミングなどによって内容が異なります。

また、自伝的記憶は「再構成的想起」という性質を持っています。再構成的想起とは、自分の思い出をその時々に応じて意味づけして組み立て直すことです。これらの自伝的記憶の特徴を利用すると、過去の苦い体験の意味づけが変わる可能性があります。

上記の牡蠣の具体例の場合、一例として牡蠣を食べる前の状況を思い出します。仮に「小雨が降る中で海に入っていた」としたら、牡蠣を食べる前からすでにお腹の調子が悪かったのかもしれません。このように、自伝的記憶についてさまざまな角度から振り返ることで、否定的にしか捉えられなかった体験が整理されます。その結果として、トラウマの解消が促されることがあります。自身のルーツとも言える自伝的記憶を見直してみると、心理的により穏やかな生活を送れるようになるかもしれません。

**覚えておきたいターム**
☑エピソード記憶　　☑アイデンティティ　　☑トラウマ　　☑再構成的想起

---

## 時に不確かな自らのルーツとも言える記憶

---

脳・感覚・知覚

認知

学習

社会

発達

自己

臨床

調査・統計解析

# 075
## 自己呈示

**解説**

　自己呈示とは、**自分のイメージを統制するために、自分について印象づけたい情報を選んで示すこと**です。多くの場合、自分にとって良い印象を与える情報が呈示されます。人間は、本来の自分を常に他者に見せているわけではありません。例えば、友達から自分の容姿に関して「可愛いね」と言われたときに「そうだよね、私は可愛い」と本気で答える人は少数ではないでしょうか。心の中では自分の容姿に自信があったとしても、表に出す態度は本音と異なる場合があり、自分が謙虚だという印象を与えたい場合は「そんなことないよ」と答えるでしょう。

　自己呈示は印象操作の１つと言えますが、必ずしも悪いものと決めつけることはできません。仮に、上述した容姿の例で自分が可愛いことをそのまま肯定すると、「あの人は調子に乗っている」「謙虚さが足りない」といった悪印象を周りの人に持たれる可能性があります。つまり、自己呈示は円滑なコミュケーションを促進するために必要な技能とも言えます。しかし、偽りの自分を呈示することは、後に本来の自分が露呈するリスクを伴います。また、自己呈示によって作られたイメージに本来の自分を合わせるという逆転現象も生じ得ます。その結果、自分を見失って心身の不調を引き起こすことがあります。

## ワンポイントレッスン

　自己呈示をするときは、自分が他者からどのように見られている
かを意識しています。周囲の人達からの目を考えることは大切です
が、**自分が思っているほど他者は自分に注意を向けていません。**自
分の外見や行為が他者に注目されていると過度に思う傾向は「ス
ポットライト効果」と呼ばれており、日常生活でも生じる現象です。
例えば普段はつけていないピアスをして仕事に行った場合、ピアス
をしていることに気づく人は自分が想定しているよりも少ないもの
です。つまり、積極的に自己呈示を行ったからといって、他者の自
分に対する印象が絶対に変わるとは言い切れません。

　自己呈示と似ている概念として、「自己開示」が挙げられます。
自己開示も自分の情報を他者に伝えますが、意図的であるかは問わ
ないという点が自己呈示と異なります。ありのままの自分を言語的・
非言語的に伝達するという点が自己開示の特徴であり、相手との親
密性を高めることに役立ちます。自己呈示と自己開示は、それぞれ
の概念の特徴を区別して認識しておくことが重要です。そうするこ
とで、周りの目に振り回され過ぎずに対人関係を築けるようになる
でしょう。

**覚えておきたいターム**
☑印象操作　　☑逆転現象　　☑スポットライト効果　　☑自己開示

## 周りの目を気にしすぎていないか？

# 076
## 類型論・特性論

　類型論・特性論とは、**人のパーソナリティを考える際の理論的枠組み**のことです。パーソナリティには、性格や行動といったその人の特徴を示す概念がいくつか含まれています。

　類型とは、いくつかのタイプに当てはめてパーソナリティを考えるものを指します。代表例として血液型や星座による分類が挙げられます。「B型の人は気持ちが顔に出やすい」「水瓶座の人は創造性が高い」といった考えは、類型に基づいています。このように、典型例を設定してパーソナリティを分類していくのが類型論です。

　一方で特性とは、個人の中で一貫して出現するいくつかの傾向を組み合わせてパーソナリティを考えるものを意味します。例えば、他人と話すことが大好きで、休日にいろいろな場所に出かけている人は「外向的」という特徴を有しています。また「細かい」人には、多くの人があまり気にしないことまで気にするが、気配りができるといった特徴があります。このように、さまざまな特徴が組み合わさって、人のパーソナリティが構成されていると考えるのが特性論です。

　私達は、類型論と特性論を用いて自分や他人のパーソナリティを把握しています。2つの理論を適切に使用すると、人の性格や特徴、行動パターンなどをよく理解できるようになります。

## ワンポイントレッスン

　類型論・特性論には、それぞれに長所と短所があります。したがっ
て、片方の理論だけで人間のパーソナリティを判断すると理解が
偏ってしまうことがあります。自身の性格や人間関係で悩んでいる
ときは、類型論・特性論の特徴を踏まえて問題を整理することが効
果的な解決策になります。

　例えば、「私はA型だから生真面目で少し神経質なところがあっ
て…」といった性格の悩みを抱えているケースで考えてみます。こ
の悩みは類型論に基づいており、自分の特徴を固定的に捉えていま
すが、特性論を用いることで、「繊細で誠実な」面があるなど今ま
で気づかなかった自分の性格に焦点が当たる可能性が出てきます。
また、「仕事に厳しくて、無口で頑固な」人との接し方がわからな
い場合、その人を「職人気質」と類型化することで、行動の特徴を
ある程度理解できるので、接しやすくなるでしょう。

　**類型論と特性論の両方でパーソナリティを考えると、自分や他人
の知らなかった一面が見えて理解が深まります。多角的な視点を
持って自他のパーソナリティを考えることが大切です。**

**覚えておきたいターム**
☑パーソナリティ　　☑類型　　☑特性

## パーソナリティの捉え方は1つではない

# 077
## ビッグ・ファイブ

### 解説

　ビッグ・ファイブとは、ゴールドバーグ,L.R. が提唱した、**人間が持っている性格は５つの要素の組み合わせで構成されるという考え方**です。パーソナリティの特性論に基づいているため、「特性５因子論」とも呼ばれています。多くの研究によって、ビッグ・ファイブで挙げられた５つの特性は、文化差・民族差を越えた普遍性を持つものであることが証明されています。

　ビッグ・ファイブで挙げられている５つの因子は、神経症傾向（N）、外向性（E）、経験への開放性（O）、調和性（A）、誠実性（C）です。それぞれの因子に６つの下位項目が設定されており、合計得点が各々のパーソナリティの特徴の強弱を表します。つまり、ビッグ・ファイブでは30項目の特性を用いてパーソナリティの特徴を把握します。

　各因子の強弱は「かなり低い」「低い」「平均」「高い」「かなり高い」の５段階で評定されますが、「かなり低い」と「かなり高い」に該当する因子は注意が必要です。特定の特徴が強すぎる、あるいは弱すぎることは偏った考え方や行動に陥る可能性があるからです。

| N（神経症傾向） | E（外向性） | O（経験への開放性） |
|---|---|---|
| N1（不安） | E1（温かさ） | O1（空想） |
| N2（敵意） | E2（群居性） | O2（審美性） |
| N3（抑うつ） | E3（断行性） | O3（感情） |
| N4（自意識） | E4（活動性） | O4（行為） |
| N5（衝動性） | E5（刺激希求性） | O5（アイデア） |
| N6（傷つきやすさ） | E6（よい感情） | O6（価値） |
| **A（調和性）** | **C（誠実性）** | |
| A1（信頼） | C1（コンピテンス） | |
| A2（実直さ） | C2（秩序） | |
| A3（利他性） | C3（良心性） | |
| A4（応諾） | C4（達成追及） | |
| A5（慎み深さ） | C5（自己鍛錬） | |
| A6（優しさ） | C6（慎重さ） | |

### ワンポイントレッスン

　ビッグ・ファイブは、心理学の多くの分野で用いられていますが、臨床心理学の分野では各種の精神疾患とビッグ・ファイブとの関連が研究されています。例えば、N得点とA得点が高すぎると、過剰適応や依存性の状態になりやすいことが明らかになっています。一方、ADHDや自閉症スペクトラム障害の特徴を有している人の場合、N得点が高くてC得点が極端に低いことが多いです。つまり、平均から大きく逸脱しているパーソナリティの偏りの背景には、精神的な問題が見られる場合もあるのです。

　ビッグ・ファイブで示されたパーソナリティの特徴は、精神的な問題の把握に限らず、仕事に対する適性把握にも応用することができます。O得点が低くてC得点が高い人は、弁護士や薬剤師といった高度な知識を有する専門職に向いていると考えられています。O得点が低いと、刺激がほとんどない業務やルーティーンワークが苦になりません。また、C得点の高低は、困難が生じても目的を達成する性格要因と関連しています。また、N得点が低くてE得点が高

い人は、営業や接客といった対人関係を伴う業務で高いパフォーマンスを発揮する傾向があります。

　ビッグ・ファイブ理論では、複数の特性が組み合わさって人間の性格が作り上げられると考えます。1つの要因だけに注目するのではなく、いくつかのパーソナリティの特徴を踏まえて自己分析を行うと、自分の適性がより見えやすくなるでしょう。

**覚えておきたいターム**
☑ゴールドバーグ,L.R.　　☑特性5因子論　　☑パーソナリティの偏り
☑適性把握

## 調和性が"かなり高い"ことは良いことか？

# Chap.7 臨 床

心の構造と問題を知る

# 078
## 局所論

### 解説

　局所論とは、**精神分析における人の心の構成領域を説明する心的装置論の１つ**です。フロイト,S. は、人の心は意識・無意識・前意識の３つの側面に分けられると考えました。意識・無意識・前意識は、「気づき」を基準として３領域に分割することができます。意識とは自分が気づいている領域です。無意識は自分が気づいていない、あるいは気づくことができない領域です。前意識は普段は無意識の領域にありますが、意識的に気づこうとすればできる領域です。

　局所論では、これら３つの領域で心的エネルギーがやりとりされることによって、個人の行動や心的バランスが決定すると考えます。例えば、無意識に「動物が好き」という感情を抱いている人が、ペットショップの店員として働いている状態は心的エネルギーが適切に使用されています。しかし、領域のバランスが崩れて心的エネルギーが適切に使用されていない場合、心身の不調が生じるとフロイトは考えました。

### ワンポイントレッスン

　フロイトによると、身体症状や精神現象、および、人間の行動は一定の因果関係に基づいて生じるとされています。そして、因果関係を探る際に重視された要因が意識と無意識の相互作用です。無意

識は、本人には自覚されていないものの、実際には個人の行動や感情などに大きな影響を与えます。つまり、意識と無意識が適切に作用しているほど心身の不調が生じにくくなり、2つの領域の相互作用が上手く働いていないと心身の調子が崩れることがあるのです。改めて、上述した動物が好きでペットショップに勤務している店員の例で考えてみましょう。ある日、出勤時に近所の犬に嚙みつかれました。そのときは大した問題にならなかったのですが、1年経つ頃、出勤前になると動悸がするようになりました。また、職場で犬の鳴き声を聞くと不安を感じて仕事が手につかないようになりました。このような症状は、意識と無意識がずれていることが原因で引き起こされていると考えられます。意識では「動物が好き」と思っていても、無意識では違うことを考えている場合、身体や心に不調という形で表れます。1年前に犬に嚙まれたことを意識では忘れているかもしれませんが、無意識には恐怖感などの当時の記憶や感情が刻み込まれている可能性があります。

　無意識には意識したくない願望や感情が抑圧されているという一面があります。そして、心身の不調の原因が無意識内に存在するために、気づける範囲からは不調の因果関係が明確にならないという状況が起こり得ます。不調の原因がよくわからない時は、自分では気づいていない部分に改善のヒントが隠されているかもしれません。

### 覚えておきたいターム
☑精神分析　　☑意識　　☑無意識　　☑前意識

---

## 不調の原因に常に「気づいている」とは限らない

# 079
## 構造論

### 解説

　構造論とは、**精神分析における人の心の構造を説明する理論**のことです。局所論の提唱者であるフロイト,S. が最初に用いた概念であり、第２局所論とも呼ばれています。構造論では、意識・無意識・前意識にわたって存在するイド・超自我・自我の３つを心の機関として想定し、これらによって人の心が構成されていると考えます。

　イドは、無意識の領域に存在する機関であり、衝動や欲求を充足することで快感を得ます。超自我は前意識と無意識の性質を備えていて、親のしつけや社会生活を通して身につけた良心や道徳原則に基づいています。そして、イドから発せられている心的エネルギーである「リビドー」を抑圧する働きをします。また、自我は、意識的なものに位置づけられており、リビドーを現実に合わせて調整し、イドと超自我の葛藤を調停する役割を果たします。

　構造論では、これら３つの機関を通じてリビドーが解放されるという精神力動を重視します。精神力動が適切に機能してリビドーが満たされるほど、心身共に健康で社会に適応しているとされています。一方、精神力動が機能不全でリビドーが停滞すると、社会不適応や心身の不調が生じるとフロイトは考えました。

## ワンポイントレッスン

　フロイトは、リビドーの解放を妨げる自我と超自我に注目しました。快楽に基づくリビドーをそのまま満たそうとすると、社会的に不適切な言動をする可能性があります。そのため、現実に則る自我や、イドを抑制する超自我が人の心の中で自然と機能します。例えば、「勤続1年未満の会社を退職したいほどの怒り」というリビドーがある場合、「仕事を失ったら経済的に苦しくなるかもしれない」という自我、あるいは、「1年も働いていないのに仕事を辞めてはいけない」という超自我が働いて現実の言動に影響を与えます。しかし、自我と超自我が強すぎてリビドーが充足されていない状態を放置すると、結果的に欠勤が続いたり、仕事のパフォーマンスが低下したりするといった事態が生じかねません。

　イドには、自分の本心や本能が詰まっています。私達は、現実に即する形でイドから生じるリビドーを形にしていますが、時としてリビドーを無視した状態に陥ることもあります。そのような場合は、イドから発せられているメッセージばかりに注目するのではなく、自我と超自我を見直すことで精神力動を上手く機能させ、心の構造全体のバランスを取ることが大切です。そうすることによって、リビドーがより適切な形で現実に反映されていくことでしょう。

### 覚えておきたいターム
☑イド　　☑超自我　　☑自我　　☑リビドー　　☑精神力動

## 無意識の欲求を停滞させない

# 080
## 防衛機制

### 解説

　防衛機制とは、**不安や怒りといった不快な感情を弱めることによって精神的安定を保つ自我の働き**のことです。精神分析における概念であり、無意識的に用いられることが防衛機制の特徴です。

　防衛機制は、イド・超自我・自我との間に葛藤が生じた時、不安定な状態になるのを避けるために用いられます。例えば「会社で同期が自分よりも出世している」という事態に直面したとき、自信喪失や不安、および、嫉妬などの感情が生じることがあります。私達は、防衛機制を働かせてこのようなネガティブな感情に対処しています。

　防衛機制が一時的に用いられて、後に本来の衝動や欲求が満たされるのであれば、適応的で健全な対処であると言えます。しかし、偏った防衛機制が慢性的に用いられている場合、不適応や精神疾患を引き起こすことにつながります。

### ワンポイントレッスン

　フロイト,A. は、自我の防衛の概念を防衛機制として整理しました。代表的な防衛機制としては、抑圧、合理化、投影、昇華などが挙げられます。防衛機制には、適応的と言えるものと失敗につながる可能性が高いものとがあります。例えば、前者の1つであるとされている「昇華」は、反社会的な欲求や衝動を社会的に価値のある

方向に向けることを意味します。芸術活動、スポーツ、仕事、勉強といった分野で、自身の衝動欲求を転換して解放させたりします。一方、自分の中にある受け入れがたい感情を他人が自分に対して抱いている感情と思い込む「投影」を働かせて、誤った認識を持ったまま人と接すると、対人関係がうまくいかずにこじれてしまうことがあります。

　前述した、同期の社員が自分よりも良い役職に就いている状況に当てはめて考えてみましょう。昇華の防衛機制が働いたとしたら、同期を批判するのではなく自分の至らないところを見直して、仕事に一層邁進する方向にエネルギーを使うようになります。その結果、他人を圧倒するパフォーマンスを発揮し、出世が実現するかもしれません。しかし、仮に投影が防衛機制として機能してしまう場合、会社や同僚が自分を批判しているなどと思い込むことが考えられます。前向きに仕事に取り組めなくなり、不平をあちこちで言い回るなどの問題行動につながり、最悪の場合は会社を辞めさせられるといった未来が待ち受けているかもしれません。

　私たちが生きていく上で葛藤場面は避けては通れません。それゆえに心を安定させるための防衛機制は必要不可欠です。自分の防衛機制、つまり自分の心の反応傾向を理解するように努めることが、心の健康を維持する鍵となるでしょう。

**覚えておきたいターム**

☑精神的安定　　☑自我　　☑フロイト,A.　　☑昇華　　☑投影

# 上手に心を守れているか？

# 081
## 傾聴

### 解説

　臨床心理学における傾聴とは、**単に話を聴くだけでなく、相手の心理的な背景を理解しながら聴くこと**を示します。つまり、なぜ相手がその話をするのか、そこにはどのような感情が含まれているのかを理解しようとしながら聴くことを意味するのです。聴き手が相手の心情に理解を示しつつ、じっくりと聴くように努めることで、話し手は受け入れてもらった、わかってもらえたと感じることができます。そのこと自体が、心のケアにつながると考えられています。ただし、心のケアといっても心理療法やカウンセリングのように、治療や自己の変容だけを目指すものでのみ用いられるわけではありません。**話し手が自分を理解し尊重してもらったと感じ、援助者と信頼関係（ラポール）を築けるようにすることや、聴いてもらうことで心理的に落ち着いて日常生活を送れるようになることも、傾聴の目的になるのです。**

### ワンポイントレッスン

　臨床心理学の分野で使用される傾聴という言葉は、ロジャーズ,C.R.が提唱した来談者中心療法における「積極的傾聴」という言葉から派生した用語です。ロジャーズはクライエントの人格が変容していくのに必要なのは、セラピストの技法や権威ではなく態度である

と考えました。真摯な態度で、相手の気持ちに共感し、批判や評価をせずにありのままを受け入れることこそが聴く側に求められると提唱したのです。

　傾聴はカウンセリングの基本的な聴き方であるだけでなく、近年では心理学の専門家ではない対人援助に関わる人々の間でも、その必要性が重視されています。例えば、医療の現場では単に看護師が患者の身体的なケアをするだけでなく、病気になったこと、大きな怪我をしたことなどに対する患者の想いを傾聴し、治療に向かう心を支えることがあります。福祉の現場では、身体介護や家事援助だけでなく、介護ヘルパーや施設の職員が傾聴して利用者の心を理解し、支援をより良いものへと導きます。さらに教育の現場では、教師が一方的に生徒を指導するだけでなく、生徒の話や悩みに耳を傾け、その心を理解しようとすることで、生徒の課題解決を手助けしたりします。

　傾聴はただ聴けばよいというわけではなく、相手が自分の話を聞いてくれていると感じることが重要です。適度に相づちを打ったり、質問をして考えが整理されるように働きかけたり、反対意見で話を遮らない、といったことを心がけることで、相手の理解が深まり、信頼関係が構築され、質の高いコミュニケーションが取れるようになることでしょう。

**覚えておきたいターム**
☑ラポール　☑ロジャーズ,C.R.　☑積極的傾聴　☑共感

# 相手の話を共感して聴けているか

# 082

## 自動思考

### 解説

　自動思考とは、**ある物事や特定の状況に対して自動的に出てくる思考**のことです。自動思考には、ふとした時に浮かんでくる考えやイメージという側面があり、自分の意志とは無関係に生じることがその特徴です。例えば、提出期限が1週間後に迫っているレポートがあるという状況で、「まだ1週間もあるから何とかなるだろう」と考える人や「こんな難しい課題があと1週間で終わるわけがない」と思う人がいます。自動思考は誰にでも生じるので、他にも多くの思考パターンが存在します。自動思考は思考後の感情や行動に影響を与えます。つまり、自動思考を見直すことによって、自分が気に病んでいる感情や直したい行動を修正できる可能性があります。

### ワンポイントレッスン

　自動思考は認知療法や認知行動療法で用いられる概念です。認知療法の提唱者であるベック,A.T. は、**自動思考を現実に沿った新しい考え方に変えていくことが、心理的問題の解消において重要である**と考えました。

　プレゼンテーションが憂鬱で資料作成に手がつけられない例で考えてみます。憂鬱な感情や資料作成を後回しにしている行動が問題点として挙げられますが、このような感情や行動に至る自動思考

は人によって異なります。「上手なプレゼンテーションをしないと自分の評価が急落してしまう」といった自動思考が働いている人もいれば、「完璧な資料を作らないと参加者に意図が伝わらない」などの自動思考が機能している人もいることでしょう。これらの自動思考を現実や事実と照らし合わせて、思考の正確性を検討します。「上手なプレゼンテーションをしなければならない」ことに関しては、人事評価はプレゼンテーション以外にも、勤務態度や仕事の取り組み具合なども加味して決まると考えられます。一方、「完璧な資料を作らなければならない」ことについては、プレゼンテーションの後に質問時間を設ければ、コミュニケーションによってプレゼンテーションの不備や参加者の疑問点を解決できます。

また、自動思考は「認知の歪み」とも関連しています。認知の歪みは、非合理的な思考パターンによる偏ったものの見方や考え方を意味します。認知の歪みには、マイナス化思考やすべき（しなければならない）思考といったいくつかの特徴がありますが、認知が歪んでいると自動思考も非現実的になりやすいとされています。

私達の感情や行動は、自動思考によって決まるという一面があります。自動思考が現実を踏まえたポジティブな考え方であれば、心理的問題や不適応行動が起こる可能性は低くなります。感情や行動を左右する自動思考の見直しが、心の安定に役立つと言えます。

### 覚えておきたいターム
☑認知療法　　☑認知行動療法　　☑ベック,A.T.　　☑認知の歪み

## 思考を見直せば感情や行動が良い方向に変わる

脳・感覚・知覚

認知

学習

社会

発達

自己

臨床

測定・統計解析

# 083
## ホメオスタシス

### 解説

　ホメオスタシスとは、**生物が自身の内部環境を一定の状態に維持しようとする傾向を示す概念**です。キャノン,W.B. により提唱された概念であり、「均衡維持」や「恒常性維持」とも言われています。ホメオスタシスの例としては、熱いときに体温を一定の温度に保つために、発汗作用などを起こして体温の上昇を抑えるといった反応が挙げられます。ホメオスタシスの制御は、主に、自律神経系、内分泌系、免疫系において行われます。

　キャノンは、ストレスに対する生体反応として、血圧上昇や血管収縮などが見られると述べています。ストレスに一時的にさらされる場合は、ホメオスタシスが機能するので、生体への影響を問題ない範囲で軽減できます。しかし、長期間にわたってストレスが発生すると、ホメオスタシスだけでは対応できず、ストレスへの生体反応が持続します。その結果、循環器系疾患や神経疾患を発症する可能性が高くなります。

### ワンポイントレッスン

　ホメオスタシスは、生理学に由来する概念ですが、現在はストレス理論や心理療法にも応用されています。ホメオスタシスに注目すると、心身の状態や心理的な問題の理解を深めることに役立ちます。

脳・感覚・知覚

認知

学習

社会

発達

自己

臨床

調査・統計解析

　例えばホメオスタシスという概念は家族療法に援用されています。家族療法では、家族という社会システムが、常に一定の秩序を保とうとする傾向性である家族ホメオスタシスを持つものとして説明されます。家族の構成員の不適応や精神病理は、対象となる構成員に原因があるとは考えず、家族ホメオスタシスの作用やその歪みによるものと考えます。そして、ある枠組みで捉えられている物事を違う枠組みで見ることを意味するリフレーミングなどを駆使して、家族ホメオスタシスや家族システムの問題を探ります。

　友達との喧嘩が絶えない男の子がいる家庭で考えてみましょう。家族システムの観点からすると、両親が共働きで子どもに構っている時間がほとんどない場合、男の子は無意識のうちに親の気を引こうとして喧嘩をしているとも考えられます。つまり、友達と喧嘩をすることが両親と男の子をつなぐ方法として機能しており、両親の子どもへの態度が変わらない限り、問題を起こして家族の注意を集めるという家族ホメオスタシスが維持されます。

　ホメオスタシスは、私達の心身の健康を守る重要な機能ですが、悪い方向に働くこともあります。ある問題を解決しても別の問題が生じるという状態が繰り返されている場合、機能しているホメオスタシスに注目すると、異なる観点で問題の原因を把握することができるかもしれません。

### 覚えておきたいターム

☑キャノン,W.B.　　☑恒常性維持　　☑ストレス理論　　☑家族療法

> ## その問題の真の原因は何なのか

# 084
## ナラティブセラピー

### 解説

　ナラティブセラピーとは、**個々人が有している人生の脚本とも言うべき物語を適切なストーリーに変換し、捉え直していく心理療法**です。ナラティブとは「語り」を意味しており、悩みを抱えている人達から報告された物語を再構築して、新たなストーリーを作ることがナラティブセラピーの目的です。

　ナラティブセラピーは、社会構成主義の影響を受けています。社会構成主義では、社会のルールや、社会現象、その捉え方などは人間が作り上げるとされています。そのため、ナラティブセラピーでは、相談者の病理や問題は相談者が有している物語によって生じると考えます。例えば、「いつも人に引け目を感じてしまい、人間関係が上手くいかない」という悩みを訴える人の場合、自分は周囲の人達よりも劣っているという物語を有している可能性があります。自分よりも周囲の人達の方が優れている部分は確かにあるかもしれません。しかし、思い込みや勘違いが含まれている物語によって、悩みが必要以上に産出されていることもあるのです。

### ワンポイントレッスン

　何かしらの問題を抱えている人達の多くは、自分の信念や価値観などに基づいて問題を問題と見なしていることがあります。その結

果、問題を自分の一部として、マイナス経験をつなぎ合わせた物語を作っていることがあるのです。このように自らの中に内在化している問題を自分と切り離していくために、ナラティブセラピーでは問題を当事者の外に置いて考える外在化というテクニックが使われます。

　例えば、あがり症で人前で話すことが苦痛に感じる人がいるとします。本当にあがり症だとしたら、親しい友人達の前で話すときにも緊張を感じるはずです。もし、友人達の前ではあがらないとしたら、初対面の人達を前にすると緊張する、もしくはあまり知らない人達からの自分に対する評価が気になる、といった要因があがり症に関与している可能性があります。つまり、あがり症が自分の中にあるのではなく、自分の外の周囲の状況によって、あがるときとあがらないときが混在していることになります。外在化を用いると、自分の中の問題という図式から、外部にある問題や他の要因によって苦しめられている自分という見方にシフトすることができます。

　人間の悩みは、自分の中に存在している物語と社会との相互作用を通じて生じることがあります。問題の原因をはっきりさせるためには、自身が持っている物語を意識することが役立ちます。自分と社会の関わりという観点から悩みを捉えることによって、より効果的な問題解決方法を思いつくことがあるのです。

## 覚えておきたいターム
☑再構築　　☑社会構成主義　　☑内在化　　☑外在化

---

### 事実の捉え方によって悩みが生じる

---

臨床

# 085

## 共感

　共感とは、**他者が抱いている感情を感じ取って同じような感情を自分も体験する**ことです。共感は、「嬉しい」「楽しい」などの肯定的な感情だけではなく、「悲しい」「寂しい」といった否定的な感情にも生じます。共感は、他者が感じていることを認識した上で、その人の立場に自身を置いてみたら自分はどう感じるかを推測し、感情の相互交流が生まれることによって成立します。つまり、他者の視点が見えないと共感は発生しません。

　仕事で失敗して落ち込んでいる人への接し方を考えてみましょう。「何で元気がないの？」「私だったらそのくらいの失敗で落ち込まないよ」といった声かけをする人が、必ずしも良好な人間関係を築けているとは限りません。一方、「それは落ち込むよね」「頑張ってる姿を見ていたよ」などの共感に基づいた発言をすると、お互いの心の距離が近くなるものです。このような共感する力を有していると、コミュニケーション能力があるという意味でプラスの評価につながり、円滑な人間関係を形成することが可能になります。

　他者に共感できる能力のことを「共感性」と言います。昨今は空気を読むことを求められる機会が増えてきましたが、空気を読み過

ぎていると、日常生活に支障が出てしまいます。近年では、共感性に欠けている人達だけではなく、共感性が高すぎる人達にも注目が集まっています。共感性が高すぎる人達を示す概念の1つとして、生まれつき非常に繊細で感受性の高い気質を意味するHSP（ハイリー・センシティブ・パーソン）があります。HSPの人達は、日常生活で生じる出来事や他者の気持ちに過度に感情移入することがあります。その結果、自分の感情が振り回されて心身共に疲弊してしまうのです。

　共感性が高すぎて困っている場合、限界設定を設けて心理的距離を取ることが有効とされています。例えば、友人Aさんと友人Bさんが喧嘩中で自分は板挟みになっている状態が続くと、「AさんとBさんの2人の気持ちがわかる」ことに苦しめられます。そこで、2人の仲を取り持つようなことは一切しないで、お互いの言い分だけを聞くという限界を設定します。そうすると、AさんやBさんのネガティブな感情に巻き込まれずに2人と接しやすくなり、どちらか一方に肩入れをしないで中立的な立場で2人の話を聞けるようになることがあります。つまり、自分と相手の間に適切な距離が存在することによって、自身の心身の調子を守ることができるのです。

　共感性は、とにかく高ければよいというものではありません。自分の共感性の高低を確認して適度な距離感を保つことが肝要です。

**覚えておきたいターム**
☑共感性　　☑HSP

## 空気の読み過ぎには要注意

# 086
## ラポール

### 解説

　ラポールとは、**カウンセラーとクライエントの間で親密な交流を行えるような信頼感が生まれた関係性**を意味します。もとは、メスメル,F.A. がセラピストとクライエントの間に生じた関係を表すために用いた語であり、「ラポート」と呼ばれることもあります。

　ラポールが形成されると、カウンセラーとクライエントとの間において、心理的な受容や共感が進みます。その結果として、クライエントは安心して自己開示ができるようになります。つまり、ラポールは、カウンセラーとクライエントの心理的距離を左右する要因になり得るのです。

　ラポールは、現代において、カウンセリングの他にも営業や対人関係といった多くの分野に浸透して使われています。相手と親密な人間関係を構築する際には、ラポールの形成が最初のステップになると言っても過言ではありません。

### ワンポイントレッスン

　アメリカの言語学者であるタネン,D.F. は、人の話には「ラポートトーク」と「リポートトーク」があると述べています。ラポートトークは、相手とのつながりを深めて信頼関係を築こうとする話し方です。一方でリポートトークは、客観的な内容や事実を正確に伝えよ

うとする話し方を意味します。ビジネス場面で2つの話法を使い分けると、円滑に仕事が進む可能性が高まります。

　最新のプリンターを売り込む営業マンの事例で考えてみます。古いプリンターを使っている顧客に対して、「新しいプリンターの方が多くの機能がついています」や「古いプリンターは最新のPCに対応できないかもしれません」といったリポートトークは、事実を指摘しているかもしれません。しかし、そうした現状を説明されるだけでは、営業マンに押し売りされているという印象を受ける人もいるでしょう。一方、「プリンターで困っていることはないですか？」「画質の粗さが気になっていませんか？」と質問を投げかけて、悩みを共有することで、共感的関係を築くきっかけとなるようなラポートトークから会話を始めるとどうでしょうか。自分の話をきちんと聞いてくれる営業マンかもしれないという印象を顧客に与えられるかもしれません。そして、開示された顧客のニーズに応える形で新しいプリンターを宣伝する機会に巡り合えることでしょう。

　私達は、仮にそれが真実であったとしても、信頼していない人から言われたことには疑問を呈する傾向があります。良好かつ円滑にコミュニケーションを運ぶためには、相手と会話を積み重ねてラポールを構築し、心と心がつながっている状態になれるかどうかが鍵です。

**覚えておきたいターム**
☑メスメル,F.A.　☑受容　☑共感　☑ラポートトーク　☑リポートトーク

## 心がつながる関係性を構築する

# 087
## アサーション

　家族や友人、もしくは職場の仲間との関係において、自分の意見を押し殺したり、反対に支配的になって命令してしまったりといった経験はないでしょうか。アサーションとは、**他者に何かを伝える際に行う自己表現のあり方の1つで、相手の意見や立場、気持ちや権利を尊重しつつ、自分もないがしろにしない関わり方**とされています。

　コミュニケーションのスタイルとして、まず、相手に主張ができずに言いなりになったり、服従的になる「非主張的」なタイプがあります。このタイプの人は卑屈になったり、後に相手を恨んだり、距離を置くようになったりする傾向が認められます。

　一方で、自分の言いたいことだけを言って満足したり、自分の意見を相手に押し付け、他者を否定したりするような「攻撃的」なタイプもあります。本人にとっては都合が良いでしょうが、スムーズな対人関係を築くことが困難になり、結果的に互いに不快な気持ちになったりします。

　そして、最も理想とされるタイプが「アサーティブ」であり、やりとりの中で何か食い違いが生じても、互いに率直な意見を述べ合うことで共有点を見つけ、両者ともに自己表現を抑えたりすることのない「爽やかなやりとり」が行えると言われています。

## ワンポイントレッスン

　平木典子は相手を傷つけることなく自己主張を行うためのトレーニングとしてアサーション・トレーニングを日本に導入し、相互尊重の精神を基盤に置きました。自己主張を行うためには、自分の考えを明確にしなければなりません。そこで、「Iメッセージ」という主語に「自分」を置く訓練をすることがあります。例えば、時間にルーズな人に対し、「遅刻をするな」と言えば攻撃性を感じますが、「私は、あなたが時間に遅れて、先方を怒らせてしまうことが心配です」と伝えるとどうでしょうか。より自分の気持ちの深部にたどり着くことができますし、相手を尊重していることを表現できます。

　あるいは、会議中にいつも偏った層からの意見しか出ないことに悩んでいるとしたら、「DESC法」を用いて他の人の意見をすくい上げるのも1つの手法でしょう。まず、D (Describe) にて、「今限られた人からの発言しかありません」などの描写を行います。次のE (Express、Explain、Empathize) において、「私も今こうして発言をすることに緊張しています」などと周りに気持ちを表現し、共感を示します。S (Specify) において、「今から少人数のグループに分かれるのはどうでしょう」と自分が対応しようとする状況への具体的な提案を示します。そして、最後のC (Choose) では、もし相手が提案に応じなかった場合に新たな選択肢を示したりします。

覚えておきたいターム
☑コミュニケーション　　☑アサーション・トレーニング　　☑DESC法

## 自他ともに尊重し、率直に自分を表現する

# 088
## グリーフワーク

### 解説

　愛着対象である親や家族、近しい友人との死別には、強い喪失感や悲しみが生じます。**大切な存在を失う、すなわち対象喪失が生じた際の心理的過程**をグリーフワークと言い、「喪の作業」や「モーニングワーク」とも言われます。かつて、フロイト,S. やリンデマン,E. は、故人との絆は断ち切り、束縛からも解放され、故人のいない新しい世界での関係形成に努めるべきだと説きました。しかし、近年では、**故人との関係性は保ちつつ、新たな環境へ適応していくことがよりふさわしい形である**とされています。愛する人の死に遭遇したとき、心や身体、日常の行動において、さまざまな変化が見られます。精神面では、救ってあげられなかったという自責の念、やるせなさや孤独、寂しさなどが悲しみと共に押し寄せます。身体面では、疲労感や不調を覚え、睡眠障害や体重の増減、免疫機能の低下などが見られます。行動面では、抑うつ状態に陥り何も手につかなくなることがあります。しかし、これは投薬などが必要なうつ状態とは異なり、対象喪失を経験したことによる正常な反応なのです。

### ワンポイントレッスン

　愛する人を亡くしたときにたどる心理的過程について、最も有名なものがキュブラー・ロス,E. による「喪失の5段階説」です。否認、

怒り、取引、抑うつ、受容から成り立ちますが、すべてを経験するとは限らず、順序も期間も個人差があります。

「否認」では、まだ故人の死を理解できず、ショックで麻痺状態にあります。しかし、すべての痛みや苦しみが一気にのしかかると、残された者は生きることが困難になるため、痛みから逃れ、自己を守る手段としても機能しています。

「怒り」は、なぜその人を救うことができなかったのかと自分を責めたり、なぜ死んでしまったのかと故人を憎んだり、または医者や神など広い対象に向けて表現されます。十分に怒りを発散した後に、隠れていた喪失の感情に気づいていきます。

「取引」では、何でもするから故人を返して欲しい、また来世でも一緒になりたい、などといった、どうにかして故人とのつながりを取り留めようとする交渉のようなものを指します。

もう戻ってこないのだという現実に直面すると、いよいよ悲しみに圧倒される「抑うつ」の段階を迎えます。安全な環境で十分に悲嘆を味わうことで、喪失の受容が可能になります。

「受容」では、愛する人を失ってもなお、現実が続いていくことを認めるようになります。故人との新たな関係を築き上げるには年単位の時間を要することもありますが、悲しみを受け止めたからこそたどり着くことのできる状態とも言えるのです。

**覚えておきたいターム**
☑愛着　☑対象喪失　☑喪の作業　☑喪失の5段階説

## 愛する対象を失った悲しみと向き合う

# 089
## 社会的ひきこもり

**解説**

社会的引きこもりとは、**仕事や学校に行かない、かつ家族以外の人との交流をほとんどしない状態が6ヶ月以上続いていること**を意味します。社会的ひきこもりの範囲は広いため、自宅に一日中ひきこもっているケースもあれば、外出に支障はないが対人交流が非常に乏しいケースもあります。例えば、仕事はしているが、会社と家の往復だけで家族以外の他人と話す機会が非常に限られている場合も社会的ひきこもりに該当します。

社会的ひきこもりの原因は、精神的な病気で引き起こされるものと社会的側面によるものとに大別されます。社会的ひきこもりの引き金となる病気には、統合失調症やうつ病などがあります。一方、社会的側面の具体例としては、友人との喧嘩が原因で対人関係の形成に困難を感じるようになったとか、仕事でミスをして自尊心を傷つけられたといった日常生活における事由が挙げられます。社会的ひきこもりの状態は、概して気力や自信の低下を伴い、加えて、社会的経験が少ないという要因がさらに社会的ひきこもりを助長していることもあります。

## ワンポイントレッスン

　社会的ひきこもりは、きっかけがあればすぐに解消されるとは必ずしも言えません。むしろ、きっかけを与えられる度にプレッシャーが増して、社会的ひきこもりの状態がさらに長引く危険があります。

　社会的ひきこもりになりやすい人達には、共通している性格特徴があります。例えば、「周りの意見に左右されやすい」「不安が強くて内向的である」といった性格は、社会的ひきこもりに関わっているとされています。また、「親が過保護で何から何までやってくれていた」「1人でこなせる部活動や趣味に傾倒していた」などの環境要因も、社会的ひきこもりと関連しています。したがって、社会的ひきこもりの状態を脱するためには、本人の特性とこれまでの経験などを把握する、気力と自信を高めた上で社会的経験を増やす、という2つのアプローチを用いる必要があります。

　また、社会的ひきこもりは、ひきこもっている本人への支援だけではなく、家族に対する援助も重要であると考えられています。社会的ひきこもりに陥っている本人への接し方を助言したり、自助グループなどの社会資源の利用を促して家族の負担を減らすことが、家族への支援として挙げられます。

覚えておきたいターム
☑対人交流　☑社会的経験　☑自助グループ

> 「ひきこもり＝怠惰」ではない

# 090
## バーンアウト

### 解説

　バーンアウトとは、**精力的に仕事に専念していた人に、ある時を境に心身の極度の疲弊や感情の枯渇が見られるようになる現象**を指します。まるで炎が燃え尽きていくようにエネルギーを失っていくことから、「燃え尽き症候群」とも呼ばれています。バーンアウトに陥ると、頭痛や倦怠感、不眠などの身体症状が出ることがある他、誰よりも仕事熱心だったにもかかわらず、急に仕事へのやる気を喪失したり、日常生活においても意欲が低下し、無気力になったりします。さらに、それが仕事上の人間関係や家族関係にまで広がっていくことで、社会適応がますます困難になっていきます。ひどい場合には、バーンアウトがきっかけとなって依存症やうつ病を発症することもあります。

　バーンアウトのリスクの高い職業としては、介護士などの福祉関係職をはじめ、医師、看護師、ソーシャルワーカー、心理士、教師などが挙げられます。これらはいずれも、患者や支援対象者、児童などに寄り添って支援をする対人援助職と呼ばれる職業の人々です。これらの職業では、仕事に熱心になることが、患者や支援対象者の直接的な助けにつながることも多く、相手に深く感情移入しやすい一面もあります。それゆえに、心の疲労感も蓄積しやすくバーンアウトが起こりやすいと言われています。

## ワンポイントレッスン

　バーンアウトは対人援助職に限らず、人と関わることの多い一般的な職業の人々にも起こり得ます。例えば、顧客や得意先のニーズをできる限り叶えようと奔走しているうちに、相手に過度な感情移入をしてしまった経験はないでしょうか。そうなると自分の時間を投げうってまで仕事に専心するようになり、次第に心が仕事から離れられなくなってしまいます。しかし、この状態は長くは続かず、心身共に疲弊した状態となり、バーンアウトを引き起こしてしまうのです。エネルギッシュで高い理想を持ち、懸命に仕事に従事する人ほど、バーンアウトに陥りやすい傾向があると言われています。

　バーンアウトを防ぐためには、仕事とプライベートとのバランスに日頃から気を配り、趣味に興じたり、定期的な運動を心がけたりすることが効果的であるとされています。その他、仕事中に息抜きや軽い運動の時間を設けるなどの働き方を工夫する、上司やスーパーバイザーが従業員の心身の変化にいち早く気づけるような組織構造面の整備をするなど、職場でのサポート体制を強化する予防策も提言されています。

### 覚えておきたいターム
☑心身の極度の疲弊　　☑感情の枯渇　　☑燃え尽き症候群　　☑対人援助職

---

## 一生懸命な人ほど燃え尽きやすい

脳・感覚・知覚／認知／学習／社会／発達／自己／臨床／調査・統計解析

# 091
## 不登校

### 解説

　病気や障害、経済的な理由、家庭の事情があったり、意図的にさぼったりしているわけでもなく、学校に出席すべき期間に欠席が続いている状態を不登校と呼びます。

　不登校になった子どもたちは、学校に行く時間になると頭痛、腹痛、吐き気などの症状を訴えることがあります。これらの身体症状は、登校時間が過ぎると改善することが多く、周囲からは理解されにくい症状でもあります。しかし、子どもたちが嘘をついているというわけではなく、実際に痛みや不快を伴う身体症状が出ていることがほとんどです。

　些細なことを怖がったり、親と離れるのを極度に嫌がるなど強い不安を訴えるといった精神面の傾向や、手洗いが止められない、鞄の中を何度も確認せずにはいられないなどの強迫的な行動が、症状として現れることもあります。場合によっては、自傷行為、ひどい癇癪を起こす、親に暴力を振るうなどの症状を示すこともあります。

### ワンポイントレッスン

　不登校の原因を突き詰めると、きっかけになったと思うような出来事や心当たりを見つけることはできるかもしれません。しかし、思い当たる一件や子どもが訴える出来事の解決を試みたとしても、

登校状況が改善しないことがほとんどです。子ども自身も学校に行けない理由がわからないことも少なくありません。

　その理由として、不登校に至る原因は1つではなく、実にさまざまな要因が絡み合っているからだと考えられています。不登校の背景に、家族関係の病理が隠れていたり、子ども自身の性格傾向や発達障害の傾向に大きく起因していたり、学校や学級、担任との関係性が絡み合っていることもあります。例えば、子どもに発達障害の傾向があることを親が受け入れられずに否定してきたが、厳しい担任に変わったことをきっかけに、子どもはいよいよ集団生活を送ることの苦痛に耐えられなくなり登校できなくなってしまう、というようなケースもあります。

　不登校の支援には、担任教師を中心に養護教諭、スクールカウンセラー、スクールソーシャルワーカーなどが連携して取り組みます。また、必要に応じて医療受診や家庭全体の支援を行う福祉の介入が求められることもあります。不登校の子どもを抱える親の会や自助グループなど、当事者同士の支え合いも大切です。卒業から5年後の追跡調査では、中学時代に不登校を経験した子どもの約8割が就学や就職をしているというデータもあり、不登校になったからと言って決して悲観することはありません。

**覚えておきたいターム**
☑身体症状　☑スクールカウンセラー　☑スクールソーシャルワーカー
☑自助グループ

---

## 不登校の原因は1つとは限らない

# 092
## PTSD

### 解説

　日本は他国より台風や地震の被害を受けやすいとされており、近年自然災害の脅威はますます激化しています。毎年どこかで災害が起こり、そのたびに多くの命が失われます。ＰＴＳＤ（Post-Traumatic Stress Disorder）は「心的外傷後ストレス障害」と呼ばれ、**災害をはじめ、暴力や虐待、戦争など、心に傷を負う外傷的体験をした後に起こる精神疾患**を意味します。危うく死にかける、重傷を負う、性的暴行を受けるといった出来事にさらされたことにより、心理的にも身体的にもさまざまな症状が生じることがあります。直接的な被害を受けたわけではなくても、遺体を扱ったり、人の死と向き合ったりする機会の多い消防隊員や自衛隊員にも起こることがわかっています。子どもの時に発症した場合、症状は成人期以降まで長期にわたり、その他の精神疾患に罹患するリスクを高めることがわかっています。

　ＰＴＳＤで見られる症状は、事件や事故に巻き込まれた者の多くに認められるものです。被災したり、何らかの衝撃的な出来事に巻き込まれた場合、ある程度のストレスを受けるのが人間としては普通の反応です。しかし、それが自然回復せずに、１ヶ月以上続く場合に、ＰＴＳＤという診断がつけられます。よく見られる症状としては、あたかもその出来事を再び体験しているかのように感じるフ

ラッシュバックや、その出来事に関する人や場所を避ける行為、活動性の低下や睡眠障害、過度の興奮や激しい感情の起伏などが挙げられます。物事に対する意欲が失せ、幸福感なども感じられなくなります。

## ワンポイントレッスン

　PTSDの治療の目的は、心の傷の回復を図り、苦痛を取り除くことです。通常は薬物療法や認知行動療法などが用いられますが、近年注目されているのがPFA（サイコロジカル・ファーストエイド）で、主に災害や大きな事故の直後に行われる介入を意味します。例えば、手を切ったときには絆創膏を貼るなどしてすぐに手当をしますが、心の傷にも同様に早期に介入を行うことが重要です。PFAはカウンセリングとは質が異なるため、必ずしも心理学の専門家でなくとも行うことができます。その内容としては、水や食料などの生きていくための資源を満たすといった生理的な支援をはじめ、話を聞き、心を落ち着かせるような心理的な支援なども含まれ、心の傷の回復を妨げる要素を取り除くことを第一に考えます。なお、気が動転していたり、自傷や他害の恐れがある者には、心理学や精神医学の専門的なケアが必要となります。

覚えておきたいターム
☑虐待　☑外傷的体験　☑フラッシュバック　☑睡眠障害　☑PFA

## 強いショック体験後に生じる
## 心の傷には早めの手当てを

# 093
## 児童虐待

**解説**

児童虐待は、子どもの心身に大きな影響を与える重大な問題です。児童虐待と聞くと、殴る蹴るなどの身体的暴力のような体罰がイメージされがちですが、「児童虐待の防止等に関する法律」においては身体的虐待、ネグレクト、性的虐待、心理的虐待に分類され、多岐にわたる行為が虐待として定義されています。

身体的虐待とは、子どもの身体が傷つくか、傷つく恐れのある暴力を加えることを言います。殴る、蹴るだけでなく、激しく揺さぶる、寒い場所に放置する、冷水をかける、部屋に監禁するなどの他に、首を絞めるなどの生命に関わる行為も含まれます。

ネグレクトは、本来親や保護者などの養育者が行うべき養育をせずに放置することを指します。例えば、食事や衣類を与えない、健康を脅かすほど劣悪な居住環境にする、学校へ行かせないなどの他、もう一方の親や同居人による子どもへの虐待を放置することなどが含まれます。

性的虐待は、子どもにわいせつな行為をすることや、させることです。養育者が子どもに対して性交渉、性的暴行を行うことや、子どもに性的行為を強要することの他、ポルノ画像や実際の性交渉場面を無理やり見せたり、子どもをポルノの被写体としたりすることが含まれます。

心理的虐待は、子どもに著しい心理的外傷を与える行為を言います。激しい暴言や拒絶的な態度、ＤＶを目撃させることや親の自傷行為を見せることなどがあります。しかし、他の３つの虐待が行われるときにも、子どもの心は著しく傷ついており、すべてが心理的虐待につながるとも言われています。

このような児童虐待は、親の学歴や職業などに関係なく起こります。児童虐待が発生するリスクは、子どもの年齢が小さいほど高く、親の育児不安が強く孤立している場合、子どもの発達に課題がある場合、親自身が虐待を受けて育っている場合などに高まる傾向があります。児童虐待を受けると、子どもは心にも身体にも大きな影響を受けます。精神的に不安定になるだけでなく、心身の発達が阻害されることもあります。また、自己評価の低下、多動、集中力の低下、対人関係を上手く築けない、抑うつが見られるなど、長期にわたって子どもの心に著しい影響を与えます。

### ワンポイントレッスン

親による体罰の禁止を定めた改正児童虐待防止法が、2020年4月に施行されることになり、これにより保護者による「しつけ」としての体罰が禁止されることが明文化されます。この背景の1つには、しつけを名目とした児童虐待が後を絶たないことがあります。従来、日本にはしつけのためであれば、子どもを少しくらい叩いたり、罰を与えたりしても良いという風潮がありました。こうした風潮から、子どもをしつけるためには厳しく戒めなければならない、少しくらいの苦痛を味わわせないと子どもをしつけられないという考えを持つ人もいるようです。しかし、近年その「しつけ」が

行き過ぎ、過酷な体罰で命を落とす子どもがいる現状が明らかに
なってきました。虐待死を招いてしまった家庭の背景はさまざまで、
中には虐待をしている親が自らの行為をしつけの範囲内であると信
じて疑わない場合も決して少なくありません。

　しつけと児童虐待は、その境目が極めて曖昧で、法律が改正され
定義が明確になってもなお、グレーゾーンは存在すると言えるで
しょう。児童虐待防止に携わる多くの専門職の中には、同じ行為を
大人同士でしたときに犯罪になることは、例え自分の子どもであっ
てもしてはいけないし、そこが境目であるという人もいます。また、
子ども虐待防止の活動をするオレンジリボン運動では、「子どもが
絶えがたい苦痛を感じることであれば、それは虐待である」と考え
るべきであるとしています。

### 覚えておきたいターム

☑児童虐待の防止等に関する法律　　☑身体的虐待　　☑ネグレクト
☑性的虐待　　☑心理的虐待

---

## それはしつけなのか、虐待なのか

---

# Chap.8 調査・統計解析

心を客観的に捉える術を知る

# 094
## 量的研究

**解説**

　量的研究とは、**数量的に扱えるデータを統計的に分析して行う研究法**です。心理学研究の方法は量的研究と質的研究に大別されますが、量的研究は実験や調査といった形で数量的なデータを収集し、仮説を検証することに向いており、一般のアンケート調査などにもその手法が応用されています。例えば「数学のテストA・Bの難易度を比較したい」ときに、テストAとテストBの平均点を算出します。平均点という数字で表されたデータを比べることによって、難易度がより高いテストを識別できます。

　量的研究で扱うデータは客観的に数量で表されるので、研究者によって導かれる結果はほとんど変わりません。しかし、その結果が研究で明らかにしたいことを的確に説明しているとは限りません。実験計画や調査方法によって、量的研究で示された数字が表しているものは異なります。

**ワンポイントレッスン**

　量的研究の結果を正しく解釈するためには、研究の全体像を把握しなければなりません。具体例として、「○○化粧水の使用満足度は98％」という広告を考えます。取り上げられている化粧水を購入した人達全員にアンケート調査を実施して「98％」という数字が

算出されたならば、その数字は使用満足度を的確に表している可能性が高いと言えます。しかし、該当する化粧水を3年にわたって使用している人にのみ調査を行って同様の数字が出た場合、98％が全体の使用満足度を示しているとは言い切れません。なぜなら、満足している人は同じ商品を購入し続けるという現象を踏まえていないからです。言い換えると、使用満足度が元々高いと思われる人達だけに調査を行っているので、高い数字になっても当たり前であると考えることができます。そのため、量的研究ではデータのサンプリングが重視されており、調査対象の特徴によって結果が左右される可能性をできるだけ排除します。

　このようなサンプリングに加えて、「統制」という概念が量的研究を行う際に必要不可欠です。統制とは、研究対象と関連するもの以外の要因をコントロールすることです。先述した数学のテストの例ならば、テストAとテストBを受ける人が同じ学力を有しているように設定することが統制に該当します。
　数字ではっきりと示されており、統計手法が適切に用いられているからといって、その研究結果を鵜呑みにすることはできないのです。

覚えておきたいターム
☑数量的データ　　☑心理学研究法　　☑仮説検証的研究　　☑サンプリング
☑統制

## 満足度98％が正しいとは限らない

脳・感覚・知覚

認知

学習

社会

発達

自己

臨床

調査・統計解析

# 095
## 質的研究

**解説**

　質的研究とは、**数量的に表せないデータに焦点を当てて行う研究法**です。量的研究と同様に質的研究も心理学で用いられる調査・研究方法の1つで、個人の反応を外部から客観的に判断することではなく、個人の内的視点について模索することが可能な研究法です。

　質的研究の具体例としては、インタビューやフィールドワークなどが挙げられます。個人の意見や当事者の考えなどを集めて、研究で明らかにしたいことに関して何かしらの結論を出すことが質的研究の目的です。

**ワンポイントレッスン**

　質的研究は、自由度が高くて調査・実験参加者の内的世界を取り扱えるため、新しい仮説を立てることや、潜在的な課題を発見する探索的研究に向いています。そのため、心理学以外の分野でも質的研究に基づくアプローチが用いられています。

　例えば、「ブレインストーミング」と「KJ法」は質的研究を基盤にしている概念です。ブレインストーミングとは、複数の人達がアイデアを出し合うことによって、ユニークで新しい考え方を生み出す技法のことです。ビジネスにおける会議方式の名称としても使われることが多く、「集団発想法」や「課題抽出」とも言われています。

　ＫＪ法はブレインストーミングで出されたアイデアや課題などを分析する方法の１つであり、創造性開発や創造的問題解決に効果があるとされています。ＫＪ法では、１枚の紙につき１つの意見を記載します。その後、似たようなことが書かれている紙を集めて、いくつかのグループを作ります。最後に、それぞれのグループにタイトルをつけて、グループ同士の関連性や因果関係を考えます。頭の中にあったアイデア等を視覚化することによって、新しい観点で物事を捉えることができます。

　質的研究は、原則として計量できるデータを扱いません。そのため、「客観性がない」「一般化が難しい」といった難点があります。しかし、質的研究によって判明したことが量的研究で証明されることは珍しいケースではありません。例えば、多くの人にインタビューをしたり、多くの患者さんに心理療法を実施したりする中で、うつ病の患者さんに共通するパーソナリティ傾向が浮かび上がってきたとします。その特徴的なパーソナリティ傾向を測定する質問紙調査をうつ病の患者さんを対象に実施すると、疾患特有のパーソナリティ傾向が存在するかを数量的に検証することが可能になります。

**覚えておきたいターム**

☑心理学研究法　☑仮説生成　☑探索的研究　☑ブレインストーミング
☑ＫＪ法

---

## 数量化できない個人の内面を明らかにする

脳・感覚・知覚

認知

学習

社会

発達

自己

臨床

調査・統計解析

# 096

## 信頼性・妥当性

### 解説

　信頼性・妥当性とは、テストや検査の精度を表す概念です。質問紙などの心理検査でも用いられている概念であり、信頼性・妥当性が高い心理検査を使用することが望ましいとされています。

　**信頼性は、テストや検査の安定性と一貫性を示します。**安定性とは、同じ人に同一のテストや検査を実施したときに同様の結果が出る度合いを意味します。つまり「同じ人に同一のテストを実施したのに算出された結果が異なる」ときは安定性に欠けているということです。一方、一貫性は同じ人に似たような質問をしたときに同じような答えが返ってくることを意味します。したがって、「同一の人に似たような質問をしたらまったく違う答えが返ってくる」ときは一貫性が欠如していると考えられます。**妥当性は、テストや検査で測定したいことと実際にテストや検査で使用されている項目の一致度を示します。**例えば、数学のテストに国語のテストで問われるような文章題が混じっている場合は、妥当性が低下します。

### ワンポイントレッスン

　企業の採用面接などで行われている適性検査、および、各種のアンケートにおいても、信頼性・妥当性は必要不可欠です。しかし、いくつかの項目の総得点から正確性を測る検査があったとして、そ

の中である設問には「当てはまる」と答え、類似の設問には「当てはまらない」と答える傾向があり、それが個人差の問題ではない場合は、検査結果に一貫性が無いことにつながります。また、採用のためのテスト問題が、採用を検討する上で適切な内容でなければ、妥当性が低いことになります。検査を実施するのであれば、項目分析などによりきちんと検証することが重要ですが、独自に作成された検査だと、そこまで厳密な検証をしていないものもあり得ます。

また、信頼性と妥当性は関連しています。一般的に、妥当性が高いテストや質問紙は信頼性も高いと考えられていますが、信頼性が高いからといって妥当性も高いとは言い切れません。あなたがスポーツクラブのスタッフだとして、利用者の満足度を調査するアンケートを作る場合を考えてみましょう。信頼性が高い質問項目として、1週間のスポーツクラブの利用日数が挙げられますが、利用日数が多いほど満足度が高いと断定することはできません。「暇だからスポーツクラブを利用する日数がたまたま増えている」など、満足度と関係ない理由でスポーツクラブに来る機会が増えている人もいます。つまり、十分な妥当性を満たしている質問とは言えません。

適切な項目で構成されたテストや質問紙の信頼性・妥当性は高くなります。正しい結論を得るためには、テストの内容や質問紙の項目も含めて信頼性・妥当性を検討することが必要です。

**覚えておきたいターム**
☑安定性　☑一貫性　☑項目分析

> そのテスト、信用できますか？

# 097

## 尺度水準

### 解説

　尺度水準とは、**研究対象となる変数や調査結果のデータを分類する基準**のことです。主に数学や統計学で用いられる概念であり、変数やデータをどのように解析するかはこの尺度水準に基づいて判断します。

　現代では、1946年にスティーヴンス,S.S. が提唱した分類基準が広く用いられています。スティーヴンスは「名義尺度」「順序尺度」「間隔尺度」「比率尺度」の４つの尺度を提案し、適用可能な分析法や情報を有効利用できる程度の違いから水準分けをしました。最も低い水準は名義尺度になりますが、スティーヴンスによると、高い尺度水準は低い尺度水準の性質を含むとされています。つまり、４つの尺度はそれぞれが独立しているのではなく、上位概念と下位概念の関係にあります。例えば、間隔尺度は名義尺度と順序尺度よりも高い尺度水準に位置づけられているので、名義尺度・順序尺度の性質も持ち合わせています。一方、比率尺度よりは低い水準なので、間隔尺度に比率尺度の性質はありません。

### ワンポイントレッスン

　名義尺度は単なる記号的な区別を目的とする尺度で、性別や血液型などが挙げられます。名称の代わりに数値を割り振られることも

多く、入試などの受験番号も名義尺度に当たります。

　順序尺度は、調査・研究対象の区別に加えて順序・序列という概念を含む尺度です。数値によって大小は検討できますが、その間隔は必ずしも一定ではありません。例えば、地震の震度は順序尺度に分類されます。「震度4は震度2より大きい」ことはわかりますが、「震度4は震度2の2倍大きい」かどうかはわかりません。順序・序列を表すことが目的なので、尺度の数値を計算することに意味はありません。

　名義尺度と順序尺度は調査・研究対象を質的に測定する尺度である一方で、間隔尺度と比率尺度は調査・研究対象を量的に測定する尺度です。間隔尺度で用いられる数値には一定の間隔が備わっています。ただし、絶対的な零点がないため、足し算と引き算はできてもかけ算とわり算ができません。間隔尺度の具体例としては、温度計をイメージすると良いでしょう。温度計で示されている数値が1つ上がる度に気温は1℃ずつ上昇します。数値の間隔は均等なので、4℃から5℃に上がっても20℃から21℃に上がっても、差の1℃が示す変化量は同一です。しかし、温度計に表示されている0℃は相対的数値なので、5℃は10℃の2倍寒いとは言えません。

　数量的な性質が備わっていることと絶対的な零点が存在することの2点を満たす尺度が比率尺度です。比率尺度には0という絶対的な数値が存在するので、加減乗除ができます。長さや年収を表す数値は比率尺度に分類されます。0kmや0円は絶対的な数値であり、距離やお金がまったくないことを意味します。「5kmの2倍は10kmである」「年収1,000万円が半分になると年収500万円に

なる」といったかけ算や割り算が成立します。

| 尺度 | 質的 | | 量的 | |
|------|------|------|------|------|
| | 名義尺度 | 順序尺度 | 間隔尺度 | 比率尺度 |
| 説明 | 記号的な区別 | 順番づけ | 間隔が一定 | ゼロは無を表す |
| 数量化の程度 | 量的な区別はできない | どちらが大きいか小さいかの区別ができる | 足し引きが可能 | 加減乗除が可能 |
| 具体例 | 性別<br>血液型<br>受験番号 | 震度<br>柔道の段位 | 温度<br>西暦などの年<br>pH（イオン濃度指数） | 店舗の月間売上<br>体重<br>国ごとの交通事故件数 |
| 解説 | 性別は「男、女」ではなく便宜上「♂、♀」や「1、2」としても区別に支障はない | 1位＋2位＝3位ではない | 10℃は5℃の2倍暑いとは言えない | 月間売上高100万円の店舗は月間売上高200万円の店舗の半分の売上と言える |

　このように、得られたデータの尺度水準を考慮し、分類していくことにはどのようなメリットがあるのでしょうか。1つには、データの性質に応じた統計的解析を実施することが可能となり、データを客観的に検討し、論理的に物事を検討できるということがあります。例えば、名義尺度同士のデータ解析にはカイ二乗検定を用い、間隔尺度同士のデータ解析には回帰分析を行うことで、情報を適切かつ効率的に検討することが可能となります。データの性質を考慮せずに何らかの統計的解析を実施しても見当はずれの解釈しかできず、調査などでせっかく得た情報も有効活用できなくなってしまいます。なお、スティーヴンスの分類では「名義尺度」が最も低い水準とされていると述べましたが、これはあくまで数量化するという観点からの基準です。質的データは研究価値が低いという意味ではな

いことに留意しておきましょう。

**覚えておきたいターム**
☑スティーヴンス,S.S.　☑名義尺度　☑順序尺度　☑間隔尺度
☑比率尺度

震度4は震度2より2倍大きいわけではない

# 098
## 代表値

解説

代表値とは、**調査したデータの分布状況を把握するための統計量**です。図に表してみるとデータがどのように分布しているかの傾向がわかりやすくなります。データ分布の中心に位置づけられる数値が代表値として採用されます。「平均値」「中央値」「最頻値」の3つが代表値として用いられることが多いです。

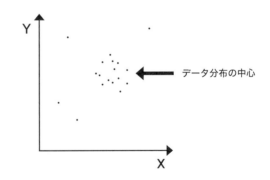

平均値は観測されたデータの中間を示す値です。テストの平均点や身体測定で用いられる平均身長が該当します。平均値は、集計されたデータの総和をデータの件数で割ることによって算出されます。

中央値は観測されたすべてのデータを大きさ順に並べたときに中央に位置づけられる数値です。中央値によって、データ分布は左右

に二分されます。データが偶数個あるときは、中央に近い２つの値の平均になります。

　最頻値は観測されたデータの中で最も件数が多い値を示します。例えば、Ａ・Ｂ・Ｃ・Ｄ・Ｅという５種類の掃除機の中で最も売れたものを調べることを考えます。この時に「Ａは13台、Ｂは８台、Ｃは17台、Ｄは24台、Ｅは４台」というデータを算出します。最も多かった数字はＤの24台です。したがって、24が最頻値になります。

## ワンポイントレッスン

　データ分布や尺度水準によって、用いられる代表値は異なります。最頻値は単純に数の大小を示すだけなので、理論上は名義尺度・順序尺度・間隔尺度・比率尺度という４つのすべての尺度水準で利用できますが、主に名義尺度のデータに使用します。中央値と平均値は間隔尺度と比率尺度のデータに用いることが一般的です。中央値の算出にはデータの数字が等間隔という条件が必要です。また、平均値を求める際には、数字の間隔が等しいことに加えて加減乗除ができることを満たさなければなりません。そのため、数字の間隔が一定ではない可能性がある名義尺度や順序尺度で中央値や平均値を用いても、ほとんど意味はありません。

　また、比率尺度に該当するデータでも、「外れ値」があるときは平均値よりも中央値が用いられることが多くなります。外れ値とは、他の値と比べて著しく大きい、もしくは小さい値のことです。外れ値は測定ミスがなくても生じ得ますが、**平均値には外れ値の影響を受けやすいという特徴があります**。具体例を踏まえて考えてみましょう。

## 表1

| | A | B | C | D | E |
|---|---|---|---|---|---|
| 国語のテストの得点 | 30 | 40 | 50 | 60 | 70 |

　表1はAからEの5名の国語のテストの得点を示しています。平均値、中央値ともに50です。50は中心に位置する数値なので、平均値、中央値のどちらを代表値として採用しても、データの特徴を把握するにあたって差し支えありません。

## 表2

| | A | B | C | D | E |
|---|---|---|---|---|---|
| 国語のテストの得点 | 5 | 55 | 60 | 65 | 65 |

　表2は表1と同様にテストの得点を示していますが、数値は異なります。平均値は50で変わりませんが、中央値は60になります。この場合、代表値にふさわしいものは中央値です。平均値の50を代表値として採用すると、平均値を超える人間が5人中4人になってしまいます。5という外れ値の影響を受けて平均値が中央からずれているためです。

　人気投票のような名義尺度のデータでは、最頻値を代表値に用いることが有効です。先述の掃除機の販売台数の例で言うと、最頻値を調べることでどの種類の掃除機の人気が高いのかを検討することができますが、販売台数の平均値を算出してもその目的を果たす上では役立ちません。

　心理学で用いられる質問紙では「当てはまる」から「当てはまらない」まで5段階などに分けて選択してもらう形式が多いですが、

そうして得られた結果は間隔尺度や比率尺度と見なして中央値や平均値を算出し、解析をしていくのが一般的です。

テストの平均得点を算出すると、全体的な傾向を把握することが容易になります。さらに、「標準偏差」と呼ばれる数値を算出し、それが10点だった場合、平均点を50点とすると、平均±標準偏差の50±10点、すなわち40点から60点の範囲に約7割の人が入ると推定することができます。

このようにデータの性質と特徴によって、代表値を適切に使い分けると、調査対象となる集団の特徴を効率的に把握することが可能となります。

**覚えておきたいターム**
☑平均値 ☑中央値 ☑最頻値 ☑外れ値 ☑標準偏差

## 平均値は中央からずれることがある

# 099
## 仮説検定

### 解説

　仮説検定とは、**明らかにしたい事象に関する仮説を設定した上で、確率の概念を用いて該当の仮説を検討すること**です。「統計的仮説検定」とも呼ばれており、数字を根拠として物事を説明できることが特徴です。

　収集されたデータに対して実施される統計手法は、「記述統計」と「推測統計」に大別されます。記述統計とは集められたデータの平均値などを算出してそのデータの特徴を示すことです。一方、推測統計は観測されたデータから導かれた特徴を基にして母集団の特性を推測することを意味します。母集団とは、明らかにしたい事象に関わっていると思われる研究対象のすべてを指しますが、母集団全体に対して調査・実験を行うことは現実的とは言えません。そのため、多くの研究では母集団の一部を対象に仮説検定を実施します。

　仮説検定の結果は数字で示されますが、その意義は、数量的な基準を設定することによって主観性を排除できることです。例えば、サイコロを投げたときに1から6のそれぞれの目が出る確率は6分の1です。つまり、サイコロを30回投げた場合、理論上は各目が5回ずつ出ます。それなのに5の目だけが15回も出たとしたら、サイコロに何かしらの細工がされているのではないかと疑念を抱くこともあるでしょう。仮説検定を使うと、「サイコロを振った総回数の何割も同じ目が出ることは不自然である」ことを数量的に明らかに

できます。

仮説検定では明らかにしたいことを確率で考えますが、「○○が高い確率で生じる」といった考え方を仮説検定では原則として使用しません。「××が生じたことは偶然である」ことを調べた結果を踏まえて対象の事象を考えます。前者の考え方は対立仮説とされている一方で、後者は帰無仮説とされています。つまり、仮説検定の目的は帰無仮説の生じる確率を探ることを通じて、対立仮説を立証することです。

## ワンポイントレッスン

具体例として、ダイエットに効果があると宣伝されている健康飲料を考えます。健康飲料を飲む前の体重が68kg、健康飲料を飲み始めて3ヶ月経過した時の体重が56kgだったとします。

**健康飲料による体重変化**

|  | 体重の平均値 | 変化量 |
|---|---|---|
| 健康飲料を飲む前 | 68kg |  |
| 飲み始めて3ヶ月後 | 56kg | 12kg |

体重の変化量の12kgが、健康飲料の摂取によって引き起こされたことを証明できればダイエット効果はあると言えます。今回の仮説検定の対立仮説と帰無仮説を以下に示します。

対立仮説：体重の変化量の12kgは健康飲料を飲むことによって高い確率で起こる

帰無仮説：体重の変化量が12kgになったことは偶然である

帰無仮説に基づく事象が生じる確率が低いほど、対立仮説が正しいと判断されます。言い換えると、12kg におよぶ体重の変化がたまたま生じた可能性が下がるほど、健康飲料によって体重が減少した可能性が高くなります。

　また、仮説検定の結果を解釈する際は、調査・実験方法にも注意すると正確性が増します。例えば、「仕事が暇で運動する時間があった」や「深刻な悩み事があって食欲が落ちていた」といった場合、健康飲料を飲むこと以外の要因で体重が落ちた可能性があります。そのため仮説検定を実施する際は、調査対象の母集団を適切に選択したり、母集団内での調査対象者の抽出が偏らないようにしたりするなどの統制を行うことが望ましいとされています。統制された調査・実験方法の 1 つとして、無作為抽出が挙げられます。今回の例では、健康飲料を飲んだ人の中からランダムに調査対象を選ぶことがそれに当たります。

　研究目的や尺度水準によって具体的な仮説検定の手法は異なります。t 検定や分散分析などが仮説検定の具体的手法になりますが、その目的が帰無仮説を棄却して対立仮説を立証する点は同じです。また、こうした対立仮説と帰無仮説を踏まえた仮説検定の手法は、「薬を飲んでも喉の痛みはほとんど変わらない（喉の痛みがなくなったことは偶然である）」という帰無仮説を棄却することで薬の効能を調査したり、「休憩すると低下していた集中力が戻る」という対立仮説を設定することで効率的な勉強法を探ったりするときにも使われています。何となく効果がありそうだというだけでは説得力に欠けるため、主観をできるだけ取り除いた事象を示すことが、結果的により多くの人達に利益をもたらすのです。

### 記述統計と推測統計

記述統計には、ヒストグラム、クロス表、平均値などの代表値、標準偏差、相関係数などが含まれます。これらの数値を把握して図表にすると、データ全体の特徴を把握しやすくなります。推測統計には、統計的仮説検定の手法、すなわちt検定や分散分析の他、回帰分析やカイ二乗検定などが含まれます。できるだけ主観性を抑えて、得られたデータから母集団の特性を推測するためにこうした検定手法が用いられます。

## 覚えておきたいターム

☑確率　☑記述統計　☑推測統計　☑母集団　☑対立仮説　☑帰無仮説
☑無作為抽出

## 事象や思考は数字で証明できる

# 100
## 有意差

**解説**

　有意差とは、**測定値の違いが単なる誤差ではなく意味のある差で あると解釈できることを示す概念**です。ある事象の数学的な根拠や 研究仮説の証明に使われます。

　有意差があるかどうかを判定するためには、ｔ検定や分散分析な どの統計的検定を用います。統計的検定では、比較した測定値の差 は有意ではないという仮説をまず設定します。つまり、測定値の間 で生じている差は偶然によるという考え方で統計的検定を実施しま す。この仮説が１〜５％の確率以下でしか発生しないことが明らか になれば、仮説が棄却（否定）されます。その結果、測定値の間の 差は意味あるものと解釈されて、有意差があると見なされます。

　仮説を否定する基準は「有意水準」と呼ばれます。有意水準は任 意で設定できますが、１〜５％が一般的に用いられています。有意 水準が６〜15％になっている場合、有意傾向があるという判断が 為されることが多いです。

　右ページの図を見てみましょう。わかりやすくするため、測定値 を比較した際に両側に行くほど極端な結果、つまり意味のある差が 得られたと言えると考えてください。有意水準を５％に設定すると、 図１のように両側2.5％ずつが意味のある領域に含まれますが、有 意水準を１％に設定すると、図２のように両側0.5％ずつしか意味

があると言える領域がありません。そのため1％というより厳しい
水準に照らして有意な結果が得られた場合の方が、測定データに有
意差があることを強く示唆していると言うことができます。

図1

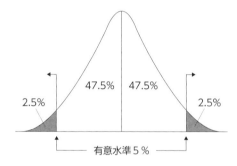

図2

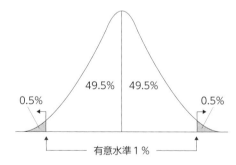

### ワンポイントレッスン

　有意差の有無は確率論に基づいています。統計的検定では、算出
されている測定値はすべて等しいという仮説を否定することによっ

て有意差があることを証明します。否定したい仮説は「帰無仮説」と言いますが、有意差が確認されても「絶対に（100％で）AとBに差がある」とは断定できません。仮に有意水準を5％以下に設定した場合、5％未満の確率で測定値にほとんど差が出ない可能性があります。

　数学のテストの平均点を2群で比較するケースを考えてみましょう。片方はテスト前日までに数学の自習を20時間こなした群です。一方、もう片方の群の自習時間は5時間です。統計的検定の結果、自習に20時間を費やした群のほうが高得点で有意差がありました。検定結果に基づくと、自習時間を長く設けた方がテストの得点が上がることがわかります。しかし、自習を20時間こなした群の勉強の効率が悪い場合は2群のテストの得点は変わらない可能性があります。したがって、自習時間が長ければ絶対に数学のテストの得点が高くなるとは言えません。


　また、有意差の関連事項として「第一種の誤り」と「第二種の誤り」があります。第一種の誤りとは、本当は有意差がないにもかかわらず有意差があると判断する危険性のことです。この誤りが生じると、まったく関連がない要因同士が結びついてしまうので注意しなければなりません。第一種の誤りが生じる確率は有意水準によります。例えば、有意水準を1％にした場合、第一種の誤りが起こる確率は1％です。設定されている有意水準のパーセンテージが上がるほど、第一種の誤りが発生する確率は高くなります。

　一方、第二種の誤りとは、本当は有意差があるけれども有意差がないと判断する危険性のことです。本当は関連している要因同士を切り離すので、間違った結論につながります。第一種の誤りと同様に第二種の誤りが生じる確率にも有意水準が関わっています。例え

ば、有意水準が5％よりも1％のほうが第二種の誤りは生じやすくなります。つまり、有意水準を厳しくするほど、第二種の誤りが生じる可能性は上がります。

### 第一種の誤りと第二種の誤り

| | | 本当の要因同士の関連 | |
|---|---|---|---|
| | | ある | ない |
| 検定結果 | 有意差がある | ○ | 第一種の誤り |
| | 有意差がない | 第二種の誤り | ○ |

統計的検定は完璧ではありません。有意差があるという結論が出ても、有意水準によって解釈が異なります。また、有意差がないから取り上げられている要因に関連性がないと決めつけるのは早計です。検定結果だけを鵜呑みにしないことが大切です。

### 覚えておきたいターム

☑統計的検定　　☑有意水準　　☑帰無仮説　　☑第一種の誤り
☑第二種の誤り

この差は偶然か？

# 101
## 相関分析

### 解説

　相関分析とは、**2つ以上の変数の関連性を調べてその特徴を明らかにすること**です。相関分析の結果は、「正の相関」と「負の相関」という2種類に大別されます。正の相関は、変数Aの値が大きくなるほど変数Bの値も大きくなるという関係を示します。

　例えば、日常生活で運動を定期的に行っている人は寿命が長いと考えられます。運動時間をA、寿命をBとして相関分析を行うと何かしらの関連性が見つかる可能性が高く、おそらく正の相関を示すと予測されます。これをデータで示すことができれば、そんな気がするというだけではなく、ある程度の根拠を持って意見を述べることができるでしょう。

　他に正の相関の具体例としては、勉強時間とテストの点数の関連性が挙げられます。

表1

|  | Aさん | Bさん | Cさん | Dさん | Eさん | Fさん | Gさん |
|---|---|---|---|---|---|---|---|
| 勉強時間 (hour) | 4 | 3 | 5 | 6 | 2 | 1 | 7 |
| テストの点数 | 60 | 55 | 62 | 71 | 42 | 30 | 80 |

　表1を見ると、勉強時間が増えるに連れてテストの成績が良くなっている傾向が見られます。つまり、勉強時間とテストの成績の関連性は正の相関に分類されると言えます。

縦軸と横軸に２項目の関連性を点で表した散布図を用いると、図１のように右上がりでデータが並んでいることが分かります。正の相関があるデータの散布図には、データが右上がりの形を描くという特徴があります。

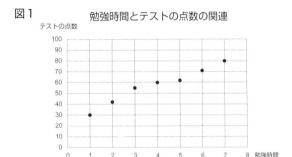

図1　　　勉強時間とテストの点数の関連

一方、変数Ａの値が大きくなるほど、変数Ｂの値は小さくなるという関係は負の相関と呼ばれています。気温が上がると着ている上着の枚数は減る傾向にあるので、気温をＡ、上着の枚数をＢとしたときに負の相関になると考えられます。負の相関を有するデータの散布図では、右下がりの形が描かれます。

相関分析で算出される結果は相関の有無とその関連性の強さです。相関は変数間の相互の関係の強さを示す概念なので、原因と結果という明確な方向性がある因果関係とは異なります。したがって、変数同士がお互いに何かしらの影響を与えていることはわかりますが、どちらが原因であるかといった因果関係まで言及することはできません。

　相関の強さは「相関係数」という値で数量化されます。相関係数
は「ｒ」で表わされて、必ず－１≦ｒ≦１の値を取ります。正の相
関はｒ＞０、負の相関はｒ＜０となりますが、絶対値が１に近づく
ほど相関が強くなり、逆に０に近づくほど相関は弱くなります。相
関の有無を判定する基準は一義的ではありませんが、一般的には絶
対値が0.7を超えると相関があると解釈されることが多いです。

表２

| | 正の相関 | | | |
|---|---|---|---|---|
| 相関係数（ｒ） | 0≦ｒ≦0.2 | 0.2＜ｒ≦0.4 | 0.4＜ｒ≦0.7 | 0.7＜ｒ≦1.0 |
| 相関の度合 | ほぼ相関なし | 弱い相関 | 中程度の相関 | 強い相関 |

| | 負の相関 | | | |
|---|---|---|---|---|
| 相関係数（ｒ） | 0≧ｒ≧-0.2 | -0.2＞ｒ≧-0.4 | -0.4＞ｒ≧-0.7 | -0.7＞ｒ≧-1.0 |
| 相関の度合 | ほぼ相関なし | 弱い相関 | 中程度の相関 | 強い相関 |

　また、相関分析の結果の解釈については、「疑似相関」に注意し
なければなりません。**疑似相関とは、特定の変数間に実際の相関は
ないが、分析対象として想定していない変数によって見かけ上は現
れている相関**のことです。

　例えば「宝くじを渋谷で買うと当選することが多い」という事象
を考えます。「渋谷で宝くじを購入した人（Ａ）」と「当選した人（Ｂ）」
が関連していれば一見相関があると判断されますが、実は購入され
た宝くじの総枚数を考慮しなければ正確な事実は得られません。当
選するという噂がたてば、渋谷で宝くじを買う人や１人あたりの購
入枚数は自然と増えます。つまり、購入された宝くじの総枚数が増
えるので当選する人も多くなります。実際にはＢと購入された宝く
じの総枚数（Ｃ）という相関、またＡとＣという相関が隠れており、

その結果、「渋谷で宝くじを買うと当選しやすい」というAとBの疑似相関が発生しています。

**図2 疑似相関の例**

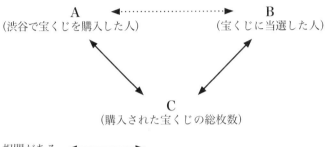

相関分析は、収集されたデータの特徴を明らかにする有効な方法の1つです。しかし、結果の解釈を間違えると、見当違いの結論を導き出すことがあります。相関分析の限界や分析対象になっている変数をきちんと押さえることが大切です。

**覚えておきたいターム**
☑正の相関　☑負の相関　☑因果関係　☑相関係数　☑疑似相関

## 関連性があっても因果関係があるとは限らない

# 参考文献

### Chap.1　脳・感覚・知覚

甘利俊一、加藤忠史　『精神の脳科学』　2008　東京大学出版会

医療情報科学研究所 (編)　『病気がみえる Vol.7　脳・神経　第2版』　2017　メディックメディア

大橋順 (監修)、桜井亮太 (監修)、千葉喜久枝 (翻訳)　『ひと目でわかる　体のしくみとはたらき図鑑』　2017　創元社

鹿取廣人、杉本敏夫、鳥居修晃　『心理学　第5版』　2015　東京大学出版会

河田光博、稲瀬正彦　『カラー図解 人体の正常構造と機能〈8〉神経系1』　2017　日本医事新報社

櫻井武　『睡眠障害のなぞを解く「眠りのしくみ」から「眠るスキル」まで』　2015　講談社

サトウタツヤ、高砂美樹　『流れを読む心理学史―世界と日本の心理学』　2003　有斐閣

内閣府　『平成29年版高齢社会白書』　2017

中島義明 (編)、安藤清志 (編)、子安増生ら (編)　『心理学辞典』　1999　有斐閣

中島義明 (編)、繁桝算男 (編)、箱田裕司 (編)　『新・心理学の基礎知識』　2005　有斐閣ブックス

濱田秀伯　『精神症候学』　2009　弘文堂

濱田秀伯、厚東篤生　『よくわかる！脳とこころの図解百科』　2008　小学館

原田悦子　『スタンダード認知心理学 (ライブラリスタンダード心理学)』　2015　サイエンス社

藤原裕弥、岩永誠　「注意バイアスが気分維持に及ぼす効果」『感情心理学研究』　2000, 第7巻1号、1-12.

三島和夫　『不眠の悩みを解消する本』　2015　法研

無藤隆、森敏昭、遠藤由美、玉瀬耕治　『心理学 新版』　2018　有斐閣


### Chap.2　認　知

市川伸一　『考えることの科学―推論の認知心理学への招待』　1997　中央公論新社

ヴィゴツキー ,L.S. (著)、柴田義松 (翻訳)　『思考と言語　新訳版』　2001　新読書社

岡林春雄　『最新 知覚・認知心理学：その現在と将来展望』　2019　金子書房

楠見孝、子安増生、道田泰司　『批判的思考力を育む―学士力と社会人基礎力の基盤形成』　2011　有斐閣

クライン,G. (著)、奈良潤 (翻訳)　『「洞察力」があらゆる問題を解決する』　2015　フォレスト出版

グロービス経営大学院　『改訂3版 グロービスMBAクリティカル・シンキング』　2012 ダイヤモンド社

柴田義松　『ヴィゴツキー入門』　2006　子どもの未来社

鈴木宏昭　『教養としての認知科学』　2016　東京大学出版会

高野陽太郎 (編) 『認知心理学〈2〉記憶』 1995　東京大学出版会

トールマン,E.C. (著)、富田達彦 (翻訳)『新行動主義心理学―動物と人間における目的的行動』 1977　清水弘文堂

萩原一平 『ビジネスに活かす脳科学』 2015　日本経済新聞出版社

服部雅史、小島治幸、北神慎司 『基礎から学ぶ認知心理学　人間の認識の不思議』 2015 有斐閣

速水敏彦 (編) 『教育と学びの心理学』 2013　名古屋大学出版会

ホークセマ,S.N. (著)、フレデリクソン,B.L (著)、ロフタス,R.L (著)、ラッツ,C. (著)、内田一成 (監訳) 『ヒルガードの心理学 第16版』 2015　金剛出版

真壁昭夫 『行動経済学入門―基礎から応用までまるわかり』 2010　ダイヤモンド社

松尾豊 『人工知能は人間を超えるか ディープラーニングの先にあるもの』 2015　KADOKAWA/ 中経出版

山田歩 (著)、日本認知科学会 (監修) 『選択と誘導の認知科学 (認知科学のススメ)』 2019　新曜社

## Chap.3　学　習

磯崎三喜年 「社会的促進を規定する要因の実験的研究」『実験社会心理学研究』 1979, 第19巻 第1号, 49-60.

今井久登、工藤恵理子、石垣琢麿、平林秀美 『心理学をつかむ』 2009　有斐閣

今井康晴 「言語獲得支援論に関する一考察」『学習開発学研究』 2012, (5), 19-28

中澤潤 『よくわかる教育心理学』 2008　ミネルヴァ書房

三輪和久、寺井仁 「洞察問題解決の性質」『人工知能学会論文誌』 1997, 12巻 1号, 1-8.

## Chap.4　社　会

池田謙一、唐沢穣、工藤恵理子、村本由紀子 『社会心理学　補訂版』 2019　有斐閣

岡本直子 「親密な他者の存在と成功恐怖の関係について」『教育心理学研究』 1999, 47巻2号, 199-208

三隅二不二、黒川正流 「集団規模の大いさが集団のリーダーシップ機能及び成員の帰属意識、モラールに及ぼす効果に関する研究」『教育・社会心理学研究』 1971, 第10巻 第2号, 169-181.

菅谷新吾、宮崎聡子 『「あなたから買いたい」と言わせる営業心理学』 2003　アスカエフプロダクツ

奈須正裕 「Weiner の達成動機づけに関する帰属理論についての研究」『教育心理学研究』 1989, 第37巻 第1号, 84-95.

ミルグラム,S. (著)、山形浩生 (翻訳) 『服従の心理』 2012　河出書房新社

山岸俊男 (編) 『社会心理学キーワード』 2001　有斐閣

リップマン,W. (著)、掛川トミ子 (翻訳) 『世論 (上)』 1987　岩波書店

## Chap.5 発 達

氏原寛（編）、成田善弘（編）ら 『心理臨床大事典』 2004 培風館

NPOフトゥーロLD発達相談センターかながわ 『あたまと心で考えよう SSTワークシート―自己認知・コミュニケーションスキル編』 2010 かもがわ出版

川島一夫 『図でよむ心理学 発達』 2001 福村出版

ミュージック, G.（著）、鵜飼奈津子（監訳） 『子どものこころの発達を支えるもの』 2016 誠信書房

コーブル, F.（著）、小口忠彦（監訳） 『マズローの心理学』 1972 産能大出版部

小西行郎 『早期教育と脳』 2004 光文社新書

デカーヴァロー, R.J.（著）、伊東 博（翻訳） 『ヒューマニスティック心理学入門―マズローとロジャーズ』 1994 新水社

中野明 『マズロー心理学入門―人間性心理学の源流を求めて』 2016 アルテ

中村義行（編）、大石史博（編） 『障害臨床学』 2005 ナカニシヤ出版

中村義行（編）、大石史博（編） 『障害臨床学ハンドブック』 2013 ナカニシヤ出版

バトラー後藤裕子 『英語学習は早いほど良いのか』 2015 岩波新書

福田学 「現象学的存在論に基づく『誤信念課題』の再解釈」『新潟大学教育学部研究紀要』 2013, 第6巻 第1号、17-36

本間光一 他 「学びの生化学：鳥類の学習（インプリンティング）を モデルとした"脳力"獲得の分子機構」『生化学』 2013, 第85巻 第5号、315-327.

無藤隆（編）、大坪治彦（編）、岡本祐子（編） 『よくわかる発達心理学』 2009 ミネルヴァ書房

## Chap.6 自 己

安藤清志 『見せる自分／見せない自分―自己呈示の社会心理学 (セレクション社会心理学(1))』 1994 サイエンス社

石垣琢麿（編） 『臨床心理学第17巻第5号―レジリエンス』 2017 金剛出版

坂野雄二（著、編）、前田基成（著、編）他 『セルフ・エフィカシーの臨床心理学』 2002 北大路書房

氏原寛、杉原保史 『臨床心理学入門―理解と関わりを深める』 1998 培風館

榎本博明 『自己開示の心理学的研究』 1997 北大路書房

エリクソン, E.H.（著）、西平直（翻訳）、中島由恵（翻訳） 『アイデンティティとライフサイクル』 2011 誠信書房

小塩真司 『はじめて学ぶパーソナリティ心理学―個性をめぐる冒険』 2010 ミネルヴァ書房

梶田叡一、中間玲子、佐藤徳 『現代社会の中の自己・アイデンティティ』 2016 金子書房

茅野分 『本当に怖いキラーストレス 頑張らない、あきらめる、空気を読まない』 2018 ＰＨＰ研究所

木島伸彦 『クロニンジャーのパーソナリティ理論入門』 2014 北大路書房

小杉正太郎、斎藤亮三 『ストレスマネジメントマニュアル』 2005 弘文堂

佐藤浩一、越智啓太、下島裕美 『自伝的記憶の心理学』 2008 北大路書房

サバー,K.(著)、越智啓太(翻訳)、雨宮有里(翻訳)、丹藤克也(翻訳) 『子どもの頃の思い出は本物か:記憶に裏切られるとき』 2011 化学同人

下園壮太 『平常心を鍛える 自衛隊ストレスコントロール教官が明かす「試練を乗り切るための心の準備」』 2011 講談社

ジェームズ,W.(著)、今田寛(翻訳) 『心理学〈上〉』 1992 岩波文庫

ジェームズ,W.(著)、今田寛(翻訳) 『心理学〈下〉』 1993 岩波文庫

全米キャリア発達学会(著)、仙崎武(監修)、下村英雄(監修) 『D・E・スーパーの生涯と理論』 2013 図書文化社

高橋一公、中川佳子 『生涯発達心理学15講』 2014 北大路書房

丹野義彦 『性格の心理─ビッグファイブと臨床からみたパーソナリティ』 2003 サイエンス社

中間玲子 『自尊感情の心理学:理解を深める「取扱説明書」』 2016 金子書房

林伸二 『人と組織を変える自己効力』 2014 同文館出版

マッケイ,M.(著)、高橋祥友(翻訳) 『自尊心の育て方─あなたの生き方を変えるための, 認知療法的戦略』 2018 金剛出版

ラザルス,R.S.、フォルクマン,S.(著)、本明寛(翻訳)、織田正美(翻訳)、春木豊(翻訳) 『ストレスの心理学─認知的評価と対処の研究』 1991 実務教育出版

## Chap.7　臨床

アメリカ国立子どもトラウマティックストレスネットワーク(著)、アメリカ国立ＰＴＳＤセンター(著)、兵庫県こころのケアセンター(翻訳) 『災害時のこころのケア: サイコロジカル・ファーストエイド 実施の手引き 原書第2版』 2011 医学書院

磯部潮 『不登校・ひきこもりの心がわかる本』 2007 講談社

東洋(編) 『心理用語の基礎知識─整理と検証のために』 1978 有斐閣

ロス,E.K.(著)、ケスラー,D.(著)、上野圭一(翻訳) 『永遠の別れ─悲しみを癒す智恵の書』 2007 日本教文社

大島郁葉(著)、安元万佑子(著)、石垣琢麿(監修)、伊藤絵美(監修) 『認知行動療法を身につける─グループとセルフヘルプのためのCBTトレーニングブック』 2011 金剛出版

大野裕 『はじめての認知療法』 2011 講談社

亀岡智美 「被虐待児へのトラウマケア」 『児童青年精神医学とその近接領域』 2016, 57巻5号，738-747.

河合隼雄 『無意識の世界』 1997 日本評論社

キャノン,W.B.(著)、舘鄰(翻訳)、舘澄江(翻訳) 『からだの知恵 この不思議なはたらき』 1981 講談社

国重浩一 『ナラティヴ・セラピーの会話術: ディスコースとエイジェンシーという視点』 2013 金子書房

近藤直司 『青年のひきこもり・その後─包括的アセスメントと支援の方法論』 2017 岩崎学術出版社

斎藤環 『社会的ひきこもり 終わらない思春期』 1998 ＰＨＰ研究所

サン,I.(著)、枇谷玲子(翻訳) 『鈍感な世界に生きる 敏感な人たち(心理療法士イルセ・

サンのセラピー・シリーズ)』 2016 ディスカヴァー・トゥエンティワン

寿台順誠 「死別の倫理」『生命倫理』 2013, 23巻1号, 14-22.

タネン,D. (著)、田丸美寿々 (翻訳)、金子一雄 (翻訳) 『どうして男は、そんな言い方 な
んで女は、あんな話し方―男と女の会話スタイル9to5』 2001 講談社

野島一彦 『臨床心理学への招待』 1995 ミネルヴァ書房

原千恵子 『傾聴・心を聴く方法』 2009 学苑社

東豊 『家族療法の秘訣』 2010 日本評論社

平木典子 『図解 自分の気持ちをきちんと＜伝える＞技術 人間関係がラクになる自己カ
ウンセリングのすすめ』 2007 PHP研究所

デイヴィス,M.H. (著) 菊池章夫 (翻訳) 『共感の社会心理学』 1999 川島書店

森俊夫 『"問題行動の意味"にこだわるより"解決志向"で行こう』 2001 ほんの森
出版

## Chap.8 調査・統計解析

今野紀雄 『統計学 最高の教科書統計入門 現実を分析して未来を予測する技術を身に
つける』 2019 サイエンス・アイ新書

内田治 『相関分析の基本と活用 - 実践に役立つ統計的方法』 2011 日科技連出版社

浦上昌則、脇田貴文 『心理学・社会科学研究のための調査系論文の読み方』 2008 東
京図書

柏木吉基 『データ・統計分析ができる本』 2013 日本実業出版社

木原雅子 (翻訳)、加治正行 (翻訳)、木原正博 (翻訳) 『医学的測定尺度の理論と応用 -
妥当性、信頼性からG理論、項目反応理論まで』 2016 メディカルサイエンスインター
ナショナル

芝祐順 『統計用語辞典』 1984 新曜社

谷益美 『リーダーのための！ファシリテーションスキル』 2014 すばる舎

中嶌洋 『初学者のための質的研究26の教え』 2015 医学書院

南風原朝和 『臨床心理学をまなぶ7 量的研究法』 2011 東京大学出版会

服部環、海保博之 『Q＆A心理データ解析』 1996 福村出版

前野昌弘 『仮説を検証し母集団を調べる 検定・推定超入門』 2011 技術評論社

村木英治 『項目反応理論 (シリーズ〈行動計量の科学〉)』 2011 朝倉書店

# おわりに

本書は、「心理用語集サイコタム」の記事を心理士の監修のもとで厳選し、再編して収録したものになります。

サイコタムは心理系大学院の受験生や公認心理師・臨床心理士を目指す方に向けて2011年から公開しているサイトです。当初は受験生を対象に心理学の専門用語の解説記事をアップしていたのですが、記事数が増えるにつれて、さまざまなサイトやＳＮＳでも引用されるようになりました。そして、今では受験生だけでなく、毎月約40,000人もの心理学に興味を持つ幅広い層の方々が訪問するメディアへと成長しました。

サイコタムには本書に収録した以外の心理学用語の記事を多数収録しています。是非サイトを訪れて、本書で身につけた教養の精度をさらに深めてみてください。

本書の学習の章で「転移」という項目がありますが、そこで基礎学習が理解できているほど、身につけた知識が他の事象に生かせると説明されています。この転移の理論に則って、本書で学んだ知識を積極的に吸収し、実生活でも活用していくことで、本物の教養である「学識」になっていくことでしょう。本書が心理学という学問と読者の皆様とを結ぶ橋渡しになることを心より願っています。

心理学用語集サイコタム
https://psychoterm.jp/
※「サイコタム」で検索してください。

## 心理系大学院への進学を検討されている方に

　本書を読まれた方の中には、将来的に心理士として活躍することを視野に入れて、心理系大学院への進学を検討されている方もいらっしゃるかと思います。当社は心理系大学院の受験生向けに特化したメルマガ「心理系大学院の７つの攻略法」を発行しております。

　メルマガでは７日間にわたって、志望校の決め方から、英語・専門科目・研究計画書を含む入試科目の対策法までわかりやすく解説しています。

　このメルマガで学んだことをご自身の勉強法に取り入れていただくことで、受験勉強がこれまで以上にはかどり、志望校合格により近づくことができるはずです。無料で登録できますので、是非ご一読ください。

　以下のページからメルマガにご登録いただきますと、研究計画書の書き方や大学院の口述試験（面接）の対処法をまとめたＰＤＦテキスト「合格者の必勝法　研究計画書・口述試験篇」を特典としてプレゼントいたします。

### メルマガの登録ページはこちら

https://psychoterm.jp/special-newsletter

メルマガ登録ページの QRコード

## 使えるフレーズがどんどん頭に入る！シミュレーション英会話
有子山博美 [著]

## 英会話本とフレーズ集の「いいとこ取り」をしました！

"How are you?" と聞かれて、"I'm fine, thank you." とばかり答えていませんか？
あいづちは "Really?" や "I see." ばかりを繰り返していませんか？

実際のリアルな英語コミュニケーションは一通りではなく、ワンパターンな返答では対応できないことがほとんど。そこで本書では、ホームステイ、語学研修、ショッピング、デートといったさまざまなシチュエーションを疑似体験しつつ、複数の会話パターンからたくさんの生きたフレーズをマスターできる仕様にしました。英会話を上達させたい方、留学・ホームステイを検討している方におすすめです。

本体1,800円＋税　音声CD付き　A5判並製　ISBN978-4-909865-00-7

## 教養としての心理学101

2020年4月5日　初版　第1刷発行

| | |
|---|---|
| 編　集 | デルタプラス編集部 |
| 監　修 | 心理学用語集サイコタム |
| 発行者 | 湯川　彰浩 |
| 発行所 | 株式会社デルタプラス |
| | 〒107-0052 |
| | 東京都港区赤坂1-4-14　ダイヤモンドビル赤坂5階 |
| | TEL　0120-112-179 |
| | FAX　03-5539-4838 |
| | https://deltaplus.jp/ |
| 印刷所 | シナノ書籍印刷株式会社 |

ISBN 978-4-909865-01-4